PASTA loca

NEUE PASTA-IDEEN
FÜR GROSS & KLEIN

Das Online-Familienportal
mawaju.de
präsentiert die leckersten
Nudelgerichte von
Stefan Marquard für die
ganze Familie

mawaju

mawaju.de

ENJOY
YOUR
FOOD

Einfach VERRÜCKT und lecker!

Markus Wiethe & Stefan Marquard

Pasta loca, „verrückte Nudeln", ist nicht nur der Titel, sondern auch das Motto dieses einmaligen Pasta-Kochbuches, dessen Produktion schon ein großer Spaß war. Dabei spielt die Zusammenarbeit mit Stefan Marquard eine besonders große Rolle. Wir von mawaju.de wollten ein familiengerechtes Pastabuch machen, welches auch den Geschmack der Kinder mit einbezieht und die Freude am Kochen mit Kindern transportiert. Dafür haben wir mit Stefan Marquard den perfekten Koch gefunden. Stefan ist selber Vater von zwei Kindern und Koch mit Leib und Seele. Am Produktionsset, einem ländlichen Anwesen in der Nähe von Hamburg, zeigte sich sofort, wie viel Spaß das Kochen und Essen in großer familiärer Runde macht. 6 Kids und deren Eltern sowie natürlich das Kochteam von Stefan und ein großes Produktionsteam haben 4 Tage lang zusammen geschnippelt, gewürzt, gebraten, gekocht und lecker gegessen. Herausgekommen ist ein emotionaler Bildband mit über 90 Rezepten rund um Pasta und Saucen jeder Art. Die schärfsten Kritiker unserer gemeinsam entwickelten Gerichte waren die Kinder, die uns schnell klargemacht haben, worauf sie Lust haben und worauf nicht. Wir hoffen, dass Ihnen jedes Gericht genauso gut schmeckt wie uns.

Stefan und unser Team wünschen Ihnen viel Freude beim Blättern und Nachkochen.

Stefan M. Markus Wiethe

INHALT

Für Kids

Icons schnell ERKLÄRT

30 Min.

ZUBEREITUNGSZEIT

Die Zubereitungszeit versteht sich immer ab dem Moment, in dem das Wasser kocht. Sie ist für Hobbyköche berechnet, Stefan Marquard schneidet die Zwiebeln vielleicht noch etwas schneller.

EASY HOBBY PROFI

SCHWIERIGKEITSGRAD

Keine Angst vor Profi-Gerichten! Sie sollten sich aber Zeit nehmen und nicht beim ersten Mal Gäste zum Essen laden. Easy-Gerichte sind auch mit Kindern leicht zu kochen.

KIDS-GERICHTE

Hmmm... lecker! Klar, jeder hat einen anderen Geschmack – aber die meisten dieser Gerichte werden nicht nur Erwachsenen, sondern auch ihren Kindern gefallen.

VEGGIE-GERICHTE

Für Vegetarier: In diesen Gerichten steckt weder Fisch noch Fleisch.

OFEN-GERICHTE

Für Gerichte mit diesem Symbol wird ein Backofen benötigt.

EINKAUFSLISTE

Zutaten aufs Handy? Kein Problem. Einfach den QR-Code einscannen, Personenzahl auswählen und sich die benötigten Zutaten kalkulieren lassen. Bei Bedarf auch zum Ausdrucken.

STEFANS VIDEO-TIPP:

zum Beispiel: Nudeln einfrieren

QR-CODE-TIPPS

An manchen Stellen sind praktische Tipps von Stefan Marquard im Kochbuch zu finden. Auch hier heißt es wieder: QR-Code scannen und Video anschauen. Eine Übersicht aller Filme findet man auf www.mawaju.de/kochbuch

Wenn wir ein Quiz starten würden, um zu erfragen, wo die bekannte Teigware ursprünglich herkommt, würde die Mehrheit der Befragten wahrscheinlich spontan auf Italien tippen. Doch wer hat sie wirklich erfunden?

DIE GESCHICHTE *der* PASTA

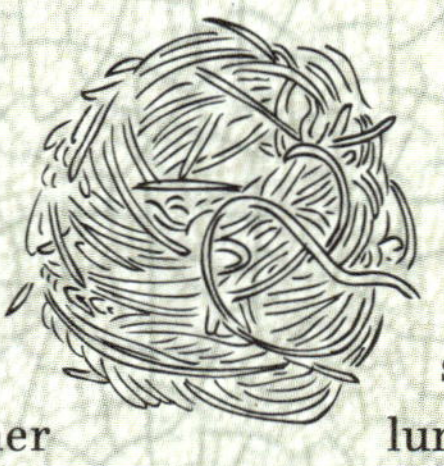

Theorien über die Herkunft und den Ursprung der Pasta gibt es zahlreiche. Ein Erfinder der Nudel wäre zum Beispiel gerne der Venezianer Marco Polo gewesen. Nach eigenen Aufzeichnungen wurde er während seines langen Aufenthalts in China Augenzeuge der Herstellung von Nudeln in Asien und hat diese Speise bei seiner Heimkehr nach Italien im 13. Jahrhundert eingeführt. Sizilianer würden diese Theorie aber gleich widerlegen, denn die Teigware ist in dem südlichen Nachbarland nicht erst seit Marco Polo bekannt. Der Geograf Al-Idrisi schrieb ein Jahrhundert früher bereits nieder, dass in der Nähe von Palermo Weizenfäden gekocht wurden. Noch weiter zurück reicht die Theorie über die Etrusker. Das antike Volk, das im nördlichen Mittelitalien lebte, gravierte auf Gräbern Nudelwerkzeug wie Teigrädchen, was die vage Vermutung erlaubt, dass schon die Etrusker Nudeln hergestellt haben. 2005 wurde jedoch ein entscheidender Fund gemacht, der den Chinesen eindeutig die Erfindung der Nudeln zuschreibt, denn bei Ausgrabungen wurde ein Topf mit der beliebten Teigware in China gefunden, der rund 4.000 Jahre alt ist. Damit scheint der Ursprung der Nudel geklärt zu sein.

Doch woher kommt die Annahme, die Italiener hätten die Nudel erfunden? Das liegt wohl in erster Linie daran, dass die Italiener den herrlichen Genuss und die Vielfalt der Nudel im „großen Stil“ erkannt und die Speise populär gemacht haben. In Rom steht bis heute das einzige Pasta-Museum, das Museo Nazionale delle Paste Alimentari. An der italienischen Riviera wurde 1825 von dem Genueser Paolo Agnese die erste Pasta-Fabrik gegründet. Und es war ein Römer, von dem das älteste erhaltene Nudelrezept stammt, nachzulesen in der Rezeptsammlung Apicius aus dem 3. bis 4. Jahrhundert nach Christus. In Italien wurden so viele Nudelsorten entwickelt, dass Liebhaber dieser Teigware tagtäglich Nudeln verzehren könnten, ohne dass das Gericht je langweilig würde.

Ob mit Gemüse, mit Fleisch, mit Fisch, vegan, vegetarisch, mit oder ohne Saucen, überbacken, gekauft, selbst zubereitet: Die Nudelindustrie boomt und produziert heutzutage über 200 Nudelsorten. 2010 landeten allein in Deutschland 7,7 Kilogramm Nudeln pro Kopf pro Jahr auf dem Teller. Im Vergleich zum Nudelland Nummer eins, Italien, klingt diese Anzahl noch relativ gering. Die Italiener nehmen rund 30 Kilogramm Nudeln pro Person im Jahr zu sich.

Diese Speise ist so allgegenwärtig und beliebt, dass es nicht überrascht, dass ihr sogar ein eigener Tag gewidmet wurde: der Weltnudeltag. Seit 1995 feiern jedes Jahr am 25. Oktober Nudelfans die köstliche Teigware. Die Liebe zur Nudel geht sogar so weit, dass sich weltweit die Menschen an die „längste Nudel der Welt“ heranwagen.

Auch wenn die Deutschen zu der Erfindung der köstlichen Nudelwaren in der Historie wenig beigetragen haben, gibt es eine Sorte, die sie selbst kreiert haben: die schwäbischen Spätzle. Und was ist die beliebteste Nudelform der Deutschen? Ganz eindeutig Spaghetti, gefolgt von Spiralnudeln und Bandnudeln.

E TOTEN H

Die GENIALITÄT beim Kochen liegt in der Einfachheit

Stefan Marquard im Porträt

Kochen ist Punkrock und Stefan Marquard, der sympathische Typ von nebenan mit Bart und Bandana, ist Koch aus Leidenschaft, Küchenchef und Sternegastronom, Fernsehkoch und Event-Caterer. Und vor allem eins: authentisch. Er fährt mit seinem Sohn zu Rock am Ring, trägt gern Bandshirts von den Toten Hosen, Motörhead & Co. und kocht gern kreative Nudelgerichte. Die besten Voraussetzungen für mawaju, um mit ihm ein „saucooles Pastabuch für die ganze Familie" zu entwickeln.

Mit Stefan im Supermarkt für das Nudelbuch einzukaufen dauert. Nicht nur wegen seiner Begeisterung, wenn er tolle Zutaten entdeckt, durch die ihm noch ein ganz besonderes Rezept einfällt, nein, er wird natürlich erkannt. Und wenn ein anderer Supermarkt-Kunde für eine Party Chili con Carne kochen möchte, dann nimmt sich Stefan die Zeit, ihm Tipps und Tricks fürs „weltbeste Chili à la Stefan" zu verraten. So viel Zeit muss sein. Doch wie kam der heutige Küchenchef überhaupt an den Herd? Stefan kocht seit 35 Jahren. Dabei wollte er eigentlich Elektriker oder Treppenbauer werden, doch die Zeugnisse waren einfach nicht gut genug. Seine Mutter meinte schließlich: „Kind, lern Koch, das ist ein krisensicherer Job, denn gegessen wird immer!" Nach diversen Stationen in renommierten Restaurants, wie den „Schweizer Stuben", eröffnete Stefan 1991 schließlich sein eigenes – die „Drei Stuben" in Meersburg am Bodensee – und erkochte sich mit seinem Team einen Michelin-Stern und 18 Punkte im Gault-Millau. Seit 2003 ist Stefan selbstständig als Koch, Caterer und vor allem als Berater für Küchen und Gastronomiebetriebe tätig. Man sah ihn bei der „Kocharena" auf VOX, bei „Marquards Ess-Klasse" auf DMAX, bei Kabel 1 in „Kochen mit Knall" oder als Juror in der „Küchenschlacht" im ZDF. Seit Anfang 2013 macht der Vater von zwei Söhnen eine Roadshow durch Bayerns Schulen für das Projekt „Gemüse pflanzen. Gesundheit ernten". Grundschüler legen Gemüsegärten an, pflegen sie und zaubern gemeinsam mit Stefan leckere Gerichte. Wir sprechen mit dem sympathischen Unterfranken über Nudeln, Italien und gute Kinderernährung.

Stefan Marquard im Interview

„Ein Nudelgericht muss schlotzig und al dente sein und glücklich machen."

Stefan, hast du schon immer gern gekocht und somit ein Hobby zum Beruf gemacht? Kochen war schon immer eine Leidenschaft von mir. Meine Mutter hat jeden Tag gekocht und wir als brave Buben haben immer fleißig mitgeholfen. **Kochst du bei euch zu Hause oder lässt du dich bekochen?** Ich koche zu Hause immer, weil meine Frau kochen nicht so prickelnd findet. Ist für sie eher ein notwendiges Übel. (lacht) **Du hast zwei Söhne (13 und 15). Schmeckt den beiden immer alles, was du zubereitest?** Wir haben da zwei verschiedene Kandidaten. Paul, der Jüngere, isst nur Beilagen und nur Tomatensauce, aber dann auch nur seine eigene. Da dürfen auch keine Stücke drin sein und keine Garnitur auf dem Teller, keine Kräuter, gar nichts, kein Fisch, kein Fleisch, kein Gemüse, kein Salat. Der Leon isst alles, was auf den Tisch kommt. **Was kochst du privat am liebsten?** Pasta. (lächelt) **Du hast ein Jahr in Italien gelebt. Wie kam es dazu?** Ich wollte in den „Schweizer Stuben" kündigen, weil ich Lust auf was Neues hatte, dann haben sie mir angeboten, dass ich Küchenchef machen kann. Ich hatte natürlich überhaupt keine Ahnung. Da hat der Schweizer-Stuben-Chef Adalbert Schmitt gesagt: „Stefan, komm, wir fahren sofort nach Italien!" Adalbert hat fünf Bücher über Land, Leute und Kultur in Italien geschrieben und alles selber fotografiert, und ich habe die kulinarische Reise durch diese Bücher gemacht: Piemont, Ligurien, Lombardei, Venezien, einmal querdurch. Nicht nur durch die Restaurants, ich war auch bei der Olivenernte, Trüffelsuche und beim Fischfang dabei. Ich habe mit einer alten Frau in den Bergen Polenta-Nudeln zubereitet und in einer 800 Jahre alten Bäckerei Focaccia, Grissini und andere Brotspezialitäten gebacken. Was noch toll war: Ich musste dreimal die Woche sechs bis acht Leute in die umliegenden Restaurants und Landgasthöfe einladen und die ganze Karte durchprobieren. Das war schön. Und zwischendurch musste ich einmal im Monat für ein paar Tage heim und das, was ich gelernt habe, für Adalbert probekochen. **Was hast du aus der Zeit in Italien mitgebracht?** Ich habe gelernt, dass die Genialität in der Einfachheit liegt. Die Italiener leben eine Leichtigkeit und haben großen Respekt vor der Natur. **Beschreibe das perfekte Pasta-Gericht mit nur drei Worten.** Schlotzig, al dente, glücklich. Ein Nudelgericht muss schlotzig und al dente sein und glücklich machen. **Was für Gerichte erwarten die Leser in diesem Kochbuch?** Wir entwickeln Gerichte für Groß und Klein. Nudelspeisen, die der ganzen Familie schmecken. Es wird ein sauleckeres Buch für Kinder und Erwachsene. Alle Gerichte sind simpel und man kann sie im Handumdrehen nachkochen. Die Nudel – mal süß, mal scharf, mal sauer, mal salzig – sorgt für ein Feuerwerk im Mund. Wir zeigen Pasta für alle Sinne. **Hast du ein Lieblingsrezept in**

FOOD

ROCK CHEF

„Gesunde Sachen irgendwo reinzumogeln ist das Geheimnis. Das Wichtigste ist, niemals das Wort ‚gesund' in den Mund zu nehmen. Da hat kein Kind Bock drauf."

dem Buch? Puh, da gibt's viele. Die Begeisterung liegt in jedem Gericht. Die „Pasta mit nix und Parmesan" ist genauso geil wie der „Kuschellachs". **Welche Basis-Zutaten sollte man für eine gute Pasta immer im Haus haben?** Wasser, ein tolles, oder am besten verschiedene Olivenöle, einen Hartkäse wie Parmesan, Grana Padano oder Pecorino, Butter und eine Flasche Wein natürlich. **Und welches Zubehör ist ein Must-have im Küchenschrank?** Ein Nudelholz, obwohl das auch mit einer Flasche gehen würde, und ein Topf. **Wie hat dir der Dreh mit den Kindern gefallen?** Es war der Hammer, da war Leben in der Bude. Das Schöne: Man kann mit Kids nichts planen, die sind immer ehrlich, immer geradeheraus, wenn die was kacke finden, finden sie es kacke. Das ist auch okay so. Es gibt nichts Schöneres, als Kinder so einzufangen, wie sie sind. Ich denke, das ist uns gelungen. **Wieso liegt dir die gute Ernährung von Kindern so sehr am Herzen?** Die Kinder bewegen sich heute leider nicht mehr so viel, durch die neuen Medien. Heutzutage sind meist beide Elternteile berufstätig, deshalb wird immer mehr zu Convenience-Produkten gegriffen und die Kommunikation beim gemeinsamen Essen bleibt leider bei vielen auf der Strecke. Deswegen ziehen wir jetzt durch die Schulen und motivieren die Kinder und die Caterer, die in den Schulen arbeiten, miteinander zu kochen. Aus den verschiedenen Klassenstufen kocht täglich je ein Kind mit. Die Kinder nehmen die Erfahrung mit nach Hause, und so haben wir bald eine neue Generation, die kochen kann. **Wenn Kinder sich partout weigern, Gesundes zu essen: Was können Eltern tun? Hast du einen Geheimtipp?** Wenn sie klein sind, muss man mit Mogelpackungen arbeiten. Wenn ein Kind zum Beispiel geriebene Kartoffelplätzchen liebt, dann reibt man dort einfach auch Gemüse mit rein. Das fällt nicht auf. Gesunde Sachen irgendwo reinzumogeln ist das Geheimnis. Das Wichtigste ist, niemals das Wort „gesund" in den Mund zu nehmen. Da hat kein Kind Bock drauf. **Die lustigste Situation beim Dreh?** Die Kommentare der Kids zwischendurch. Wie zum Beispiel auf meine Frage „Was ist in Gemüse am meisten enthalten?". Die Antwort: „Obst." Die Kinder hauen Sprüche raus, das ist der Wahnsinn. Oder auch die Rangelei, wenn die Nudelmaschine aufgebaut war, jeder wollte unbedingt auch mal drehen. Auch wenn man sich dafür mit dem ganzen Gewicht an die Kurbel hängen muss. (lacht) **Was erwartet uns neben dem Kochbuch noch?** Wir werden unter dem Titel „Pasta loca" noch mehr entwickeln: Saucen, Marinaden, Nudeln, aber auch Schürzen, Caps und andere Produkte, die man dann im Handel kaufen kann. Es wird ein Gesamtpaket zu unserem Lieblingsbuch geben. **Was sind deine nächsten Projekte?** Ich möchte so schnell wie möglich reich werden, kauf mir ein Wohnmobil und fahre um die Welt. (lacht) Jetzt mal im Ernst: Ich werde mich auch weiterhin schwerpunktmäßig auf die Ernährung von Kindern konzentrieren. Das Thema Gesundheit wird bei mir im Vordergrund stehen und ich werde ein neues Wort dafür kreieren, damit die Leute da mehr Bock drauf haben. „Fit für die Zukunft" ist das Motto. Bis zu 80 Prozent aller Kinder ernähren sich ungesund oder haben Übergewicht. Das will ich ändern. Denn: Unsere Kinder sind die Zukunft!

STATIONEN

1979–1981
Metzgerlehre

1981–1983
Kochlehre

1983–1985
Restaurant „Graues Haus" in Oestrich-Winkel

1985–1987
Gasthof „Rottner" in Nürnberg

1987–1988
Restaurant „Graues Haus" in Oestrich-Winkel

1988–1989
Koch in den besten 12 Restaurants in Italien

1989–1991
Küchenchef in den „Schweizer Stuben" in der „Taverna la Vigna" in Wertheim-Bettingen

1991–2000
Eigenes Restaurant „Drei Stuben" in Meersburg

2000–2003
Restaurant „Lenbach" in München

Seit 2003
selbstständig als Koch, Caterer und Berater in Küchen, auf Showbühnen und im Fernsehen

Nudeln kochen STEFANS METHODE

Mit dieser Anleitung wird jeder zum Nudelkoch-Profi und serviert von nun an die perfekte Pasta!

1
DIE RICHTIGE WASSERMENGE

„Die Wassermenge ist beim Nudelkochen entscheidend. Ich nehme nur halb so viel Wasser wie Nudeln! Man kann auch erst mal im Verhältnis 1:1 kochen und sich langsam an meine Methode herantasten."

2
WASSER SALZEN

„In jedes Nudelwasser gehört Salz, da die Nudel nur während des Kochens das Salz aufnehmen kann. Hinterher die Nudeln zu salzen bringt nichts. Meine Faustregel: Das Nudelwasser muss nach Meer schmecken."

3
INGWER INS WASSER

„Ein Stück frischer Ingwer oder Chili im Nudelwasser raut die Nudeloberfläche auf. Das hat den Vorteil, dass die Sauce besser und gleichmäßig an der Nudel haftet."

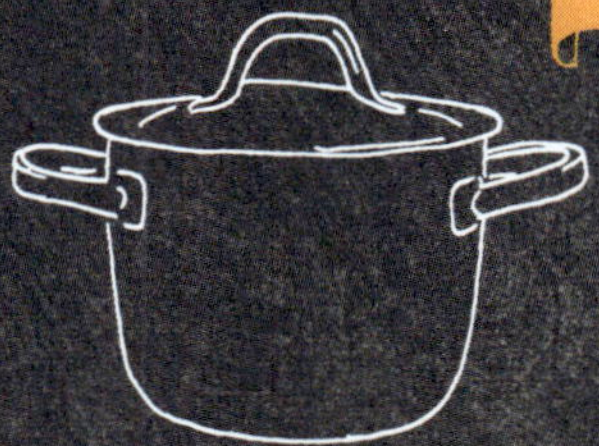

TIPP

Kein Öl ins Wasser:
Öl schwimmt oben, Nudeln kochen unten. Schüttet man also Öl ins Kochwasser, ist es wirkungslos und somit unnötig.

TIPP

Nicht abschrecken! Auch wenn dieses Gerücht weit verbreitet ist: Nudeln werden nach dem Kochen nicht abgeschreckt. Davon werden sie nur kalt.

4

KOCHZEIT

„Das Nudelwasser mit Deckel zum Kochen bringen. Pasta dazugeben und ab und zu umrühren. Nach dem erneuten Aufkochen bei geringer Hitze weiter garen. Faustregel: Frische selbst gemachte oder auch selbst gemachte eingefrorene Nudeln brauchen nur 0,5 – 1 Minute Kochzeit. Pasta aus der Packung, immer 1 Minute weniger kochen als angegeben.“

5

NACH DEM KOCHEN

„Ich gebe nach der Kochzeit, außer bei süßen Nudelgerichten, Butter, Olivenöl, Parmesan und schwarzen Pfeffer dazu, durchschwenken - fertig! Bis die Nudeln servierfertig sind, garen sie übrigens durch die eigene Hitze noch nach.“

Nudeln vorkochen

Nudeln kann man jederzeit vorkochen. Wichtig auch hier: auf keinen Fall abschrecken – und das Kochwasser aufheben, um die Nudeln darin wieder zu erwärmen.

Beim Pasta-Vorkochen nimmt Stefan die gleiche Menge Wasser wie Nudeln, um eine perfekte Stärkesättigung im Wasser zu haben. Je gesättigter das Wasser ist, desto besser schmeckt die Nudel. Bitte mit Deckel auf kleiner Flamme garen und ab und zu umrühren. Vorgekochte Nudeln sowie das Kochwasser können jeweils gut abgedeckt im Kühlschrank für 8 Tage aufbewahrt werden.

Will man die Nudeln wieder erwärmen, gilt die Regel: 1/8 Liter Nudelwasser pro Portion. Zum Schluss die Nudeln in Butter, Olivenöl, Parmesan und Pfeffer schwenken – fertig.

FILM AB **Weitere Tipps zum Pastakochen auf www.mawaju.de/kochbuch**

step by step

Nudeln selbst gemacht

BANDNUDELN & CO.

GRUNDTEIG
BANDNUDELN & CO.
FÜR 4 PERSONEN

200 g Mehl
300 g grobes Mehl / Nudelgries
5 Eier
1 Prise Salz
1 Prise Muskatnuss
40 ml Olivenöl

ZUBEREITUNG

Mehl und Nudelgries vermischen, auf einen Haufen schütten, in die Mitte eine Mulde drücken und die Eier hinzugeben. Salz, Muskat und Olivenöl ebenfalls hinzufügen und alles ordentlich durchkneten. Alternativ: in der Küchenmaschine mit Knethaken den Teig verarbeiten. Den Teig in Klarsichtfolie einpacken und für mindestens 1 Stunde im Kühlschrank ruhen lassen.

1 *Den Teig in eine Nudelmaschine geben. Nudelplatten beidseitig mit Mehl bestäuben und so lange durch die Maschine ziehen, bis sie dünn genug sind. Wer keine Nudelmaschine hat, kann auch ein Nudelholz verwenden.*

2 *Jetzt aus dem dünnen Nudelteig Plättchen schneiden, je nach Belieben und gewünschter Nudellänge.*

3 *Den Aufsatz der Maschine zum Schneiden wechseln und die gekürzten Nudelplatten zu Bandnudeln oder Tagliolini verarbeiten. Alternativ können sie auch per Hand mit einem Messer geschnitten werden. Im Anschluss die Nudeln zum Trocknen auf einen Bügel oder einen Nudelbaum hängen oder frisch verarbeiten.*

STEFANS VIDEO-TIPP:
Nudeln einfrieren

Die eigene Küche wird zur Nudelmanufaktur. Und die ganze Familie darf mit anpacken. Wie Spaghetti & Co. sicher gelingen, verraten wir hier.

LASAGNE, TORTELLONI & CO.

Bei gefüllten Nudelvariationen ist Fingerspitzengefühl gefordert. Belohnt wird die Arbeit mit einem besonderen Geschmackserlebnis für die ganze Familie.

GRUNDTEIG LASAGNE, RAVIOLI, TORTELLONI & CO. FÜR 4 PERSONEN

- 500 g Mehl
- 5 Eier
- 1 Prise Salz
- 1 EL Kräuterbutter*
- 1 Eigelb (für Ravioli, Cannelloni und Tortelloni)

*KRÄUTERBUTTER

- 1 EL Butter
- 1 kleiner Zweig Thymian
- 1 kleiner Zweig Rosmarin
- Basilikumblätter
- 1 Knoblauchzehe

ZUBEREITUNG

Die Butter mit den Kräutern vermengen. Knoblauchzehe anschlagen (Seite 215) und mit der Kräuterbutter in einen Topf geben, aufkochen lassen und passieren.

Für den Teig die Kräuterbutter direkt ins Mehl geben und mit Eiern und Salz vermengen. Alles ordentlich durchkneten, so dass ein kompakter Nudelteig entsteht. Den Teig für mindestens 1 Stunde im Kühlschrank ruhen lassen. Anschließend den Teig beidseitig mit Mehl bestäuben, in die Nudelmaschine geben und dünn ausrollen.

Anmerkung: Beim Teig für gefüllte Nudeln, wie Ravioli & Co. kommt statt Öl Butter dazu. Dadurch kann man den Teig besser ziehen und formen.

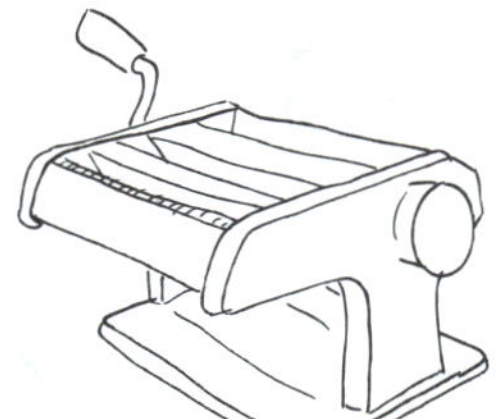

Lasagneplatten

1 *Die lange, dünne Nudelplatte mit Mehl beidseitig bestäuben.*

2 *Die Platte in gleichgroße Rechtecke zu Lasagne-Platten verarbeiten.*

TIPP **Den Nudelteig 10–15 Minuten kneten, damit der Weizenkleber aufgeschlossen wird.**

Ravioli

2

Den Teig über die Füllungen klappen und mit zwei Fingern in Form bringen und andrücken.

3 *Den gefüllten Teig mit dem Teigrad sehr knapp der Länge nach abschneiden, sodass eine gefüllte Nudelschlange entsteht. Im letzten Schritt die einzelnen Ravioli abrollen.*

1 *Die Teigplatte zu einem Rechteck schneiden. Eigelb und die gleiche Menge Wasser vermengen. Das Eigelbgemisch mit dem Pinsel auf den Raviolimantel streichen. Die Füllung in 3 cm Abstand zum Rand und 3 cm zur nächsten Füllung platzieren.*

TIPP

Gefüllte Nudeln in verschiedensten Formen sind möglich, der Kreativität sind keine Grenzen gesetzt.

Tortelloni

2

Einen Klecks der Füllung mitten auf das Nudel-Quadrat geben. Diagonal zusammenklappen, sodass ein Dreieck entsteht, und gut andrücken.

1 *Teigplatten in kleine Quadrate schneiden. Eigelb-Wasser-Gemisch (1:1) mit einem Pinsel auf zwei Teigkanten streichen.*

3 *Die Spitzen leicht umklappen, um den Finger wickeln und an den Enden zusammendrücken.*

FÜLLUNGEN

BOLOGNESE-FÜLLUNG

100 g Zwiebeln
100 g Karotten
100 g Knollensellerie
100 ml Olivenöl
400 g gemischtes Hackfleisch
500 ml rote
Tomatensauce 2 (Seite 33)
Salz, Pfeffer, Zucker
1 EL gehackte Kräuter
1 unbehandelte Zitrone

ZUBEREITUNG

Für die Füllung Zwiebeln, Karotten und den Knollensellerie schälen, würfeln und mit Salz, Pfeffer und Zucker würzen. Alles zusammen in Olivenöl anschwitzen, dann das Hackfleisch dazugeben. Alles für circa 10 Minuten anschwitzen, dann die rote Tomatensauce dazugeben und mit Salz, Pfeffer und Zucker abschmecken. Die Sauce für circa 40 Minuten köcheln lassen und ab und zu umrühren. Dann die Kräuter und den Abrieb der Zitrone zur Bolognese-Sauce dazugeben, nochmals abschmecken und servieren.

RICOTTA-FÜLLUNG

500 g Ricotta
Petersilie
Basilikum
Schnittlauch
1 unbehandelte Orange
1 unbehandelte Zitrone
100 g Zucchini
Salz, Zucker, Pfeffer
50 g Parmesan
2 TL Olivenöl

ZUBEREITUNG

Für die Füllung Ricotta zusammen mit frischen Kräutern und der abgeriebenen Schale einer unbehandelten Orange sowie einer Zitrone in ein Gefäß geben. Dann die Zucchini hineinraspeln und mit Salz, Zucker und Pfeffer abschmecken. Im nächsten Schritt den Parmesan reiben und hinzufügen. Zu guter Letzt noch Olivenöl ergänzen und alles miteinander vermengen.

TIPP

Füllungen lassen sich auch mit Gemüsesorten variieren. Wichtig: Die Füllungen dürfen nicht zu nass sein, sonst weicht der Teig durch.

BUNTE PASTA

Ob für den nächsten Kindergeburtstag oder einfach mal als Abwechslung auf dem Teller: Bunte Nudeln sehen super aus und sind ein echter Hingucker. Um nicht auf künstliche Lebensmittelfarbe zurückgreifen zu müssen, kann man Nudeln auch ganz leicht mit natürlichen Lebensmitteln einfärben. Dafür muss man einfach bestimmte Zutaten in den frischen Nudelteig unterkneten. Beachten sollte man lediglich, welche Speisen und Saucen die Nudeln begleiten, da die färbenden Zutaten der Nudel teilweise Geschmack verleihen.

Nudeln selber färben

Grüne Nudeln

ZUBEREITUNG

Will man die Nudeln grün einfärben, eignet sich am besten Spinat. Je nach gewünschter Intensität der Farbe und Menge des Teigs kann man circa 100–200 g gekochten und pürierten Spinat (frisch oder tiefgekühlt) unter den Teig kneten. Je feiner man den Spinat püriert, desto gleichmäßiger wird das Ergebnis. Sollen die Nudeln nur grün gesprenkelt sein, reichen 4–5 EL fein gehackte Kräuter (z. B. Petersilie, Estragon, Thymian, Basilikum und Majoran), die in den Teig eingearbeitet werden.

Rote Nudeln

ZUBEREITUNG

Rot werden die Nudeln, wenn man den Teig, ganz nach Geschmack, mit 70–80 g Tomatenmark oder 2–3 EL pürierter Roter Bete verknetet. Fertige, getrocknete Nudeln kann man direkt in Rote-Bete-Saft kochen oder nach dem Kochen darin einlegen.

Schwarze Nudeln

ZUBEREITUNG

Sepia nennt sich die Tinte aus dem Tintenbeutel eines Tintenfischs, die man in guten Fischfachgeschäften bekommt und mit der man Nudeln schwarz einfärben kann. Da Sepia sehr stark färbt, lieber am Anfang sparsam dosieren und Handschuhe verwenden.

Orange Nudeln

ZUBEREITUNG

2–3 EL gekochte und pürierte Möhren oder Kürbis unter den Teig kneten, schon erhält man schöne orange Nudeln. Ein Gelborange bekommt man, wenn man Kurkuma oder Curry ins Kochwasser gibt.

Saucen & DIPS

TIPP

Sauce auf Vorrat kochen! Verschlossen im Kühlschrank hält sie sich mehrere Wochen und kann in vielen unserer Gerichte weiterverarbeitet werden.

Weißer Tomatensaft

Ergibt 400 ml

1 kg reife Tomaten
1 gehäufter EL Salz
1 gehäufter EL Zucker
Pfeffer
3 Basilikumblätter
1 kleiner Zweig Thymian (nur die Blätter)
1 kleine Knoblauchzehe

ZUBEREITUNG

Tomaten klein schneiden und mit Salz, Zucker und Pfeffer würzen. Für 30 Minuten ziehen lassen und im Anschluss die Kräuter und den Knoblauch dazugeben und alles in einem Mixer zerkleinern. Ein großes Sieb mit einem sauberen Küchentuch auslegen, das Tomatengemisch hineingeben und den Saft über Nacht in eine Schüssel laufen lassen. Tipp: Im Sommer alles über Nacht in den Kühlschrank stellen.

Weiße Tomatensauce

Ergibt 500 ml

1 Zwiebel
50 g Butter
250 ml weißer Tomatensaft (siehe oben)
1 Prise Cayennepfeffer
Salz, Zucker
150 ml Sahne

ZUBEREITUNG

Zwiebeln würfeln und in Butter anschwitzen. Mit weißem Tomatensaft aufgießen und für circa 10 Minuten reduzieren lassen. Mit Salz, Pfeffer und Zucker würzen. Sahne dazugeben, aufkochen lassen und am Schluss alles zusammenmixen und pürieren. Zu verwenden als weißes Rahmsüppchen (mit Einlagen: zum Beispiel Nudeln oder Gemüse).

Rote Tomatensauce 1

Ergibt 500 ml

500 g sehr reife Tomaten
1 EL Zucker
1/2 EL Salz
1/2 Chili (je nach Schärfe)
5 EL Olivenöl

ZUBEREITUNG

Tomaten und Chili klein hacken, mit Zucker und Salz in einen Kochtopf geben, durchmischen und zugedeckt circa 3-5 Minuten weich kochen. Olivenöl zur besseren Bindung unterrühren.

Rote Tomatensauce 2

Ergibt 1500 ml

3 Zwiebeln
100 g Karotten
100 g Sellerie
1–2 EL Olivenöl
1700 g Tomaten aus der Dose (Abtropfgewicht)
Salz, Pfeffer, Zucker
1 EL gehackter Thymian und Rosmarin
1 unbehandelte Zitrone

ZUBEREITUNG

Zwiebeln, Karotte und Sellerie in kleine Würfel schneiden und in Olivenöl glasig schwitzen. Die Tomaten dazugeben und gut mit Salz, Pfeffer und Zucker würzen. Die Sauce aufkochen und für 45 Minuten auf kleiner Flamme ziehen lassen. Dann die gehackten Kräuter und etwas Abrieb der Zitronenschale dazugeben und nochmals abschmecken. Die Sauce mixen und heiß in Gläser abfüllen und verschließen.

STEFANS VIDEO-TIPP: Chili oder Pfeffer?

Thai-PESTO

Ergibt 250 ml

- 50 g frischer Koriander
- 5 g Ingwer
- 1/2 Chili
- 1 Limette
- 2 EL Palmzucker
- Etwas Salz
- 2 EL Pflanzenöl
- 1/4 Knoblauchzehe

ZUBEREITUNG

Das Fruchtfleisch der Limette gemeinsam mit den übrigen Zutaten in ein Gefäß geben und mischen. Im Anschluss fein pürieren.

STEFANS VIDEO-TIPP:
Frische Kräuter

ALLROUND-Vinaigrette

Ergibt 200 ml

25 g Senf

100 ml Weißer Balsamico

100 ml Pflanzenöl

25 ml Wasser

Salz, Pfeffer, Zucker

ZUBEREITUNG

Für die Vinaigrette alle Zutaten mit einem Stabmixer zusammenmixen. Für unterschiedliche Varianten lässt sich die Grund-Vinaigrette zum Beispiel durch Kräuter, Kartoffeln oder beliebiges Gemüse verfeinern.

Kräuter-SCHMAND

Ergibt 350 ml

200 ml Schmand

4 EL Olivenöl

Geschnittene Kräuter (Basilikum, Blattpetersilie, Dill, Schnittlauch, Minze)

1/2 unbehandelte Orange, Saft und Abrieb

Salz, Pfeffer, Zucker

ZUBEREITUNG

Alle Zutaten in einem Gefäß vermischen und mit einem Handmixer cremig schlagen.

Rotes PESTO

Ergibt 500 ml

100 ml Olivenöl

300 g getrocknete Tomaten in Öl

80 g Parmesan

50 g gehackte Mandeln

1 TL Thymian und Rosmarin

Salz, Pfeffer, Zucker

ZUBEREITUNG

Die Mandeln kurz in der Pfanne ohne Öl anrösten und gemeinsam mit den getrockneten Tomaten, inklusive Öl und den restlichen Zutaten in einer hohen Schüssel mit einem Stabmixer pürieren.

Grünes PESTO

Ergibt 400 ml

150 ml Olivenöl

100 g geröstete Pinienkerne

100 g Parmesan

1 kleine Knoblauchzehe

2 Bund Basilikum, wahlweise auch Rucola oder Petersilie

Salz, Pfeffer, Zucker

ZUBEREITUNG

Die Pinienkerne kurz in der Pfanne ohne Öl anrösten und gemeinsam mit den restlichen Zutaten in einer hohen Schüssel mit einem Stabmixer pürieren. Alternativ kann das Pesto auch in einem Mörser vermengt werden.

Tomaten-Ketchup

Ergibt 400 ml

8 EL Tomatenmark
8 EL Essig (mild)
12 EL Zucker
1/2 TL Salz
12 EL Pflanzenöl

ZUBEREITUNG

Tomatenmark, Essig, Zucker und Salz mit einem Schneebesen gut verrühren. Das Pflanzenöl langsam unter ständigem Rühren hinzufügen.

Gelbe oder Rote PAPRIKA-SAUCE

Ergibt 500 ml

1 Zwiebel
2 EL Olivenöl
3 gelbe oder rote Paprika
Salz, Pfeffer, Zucker
1/2 TL Rosmarin und Thymian
1/2 Knoblauchzehe
250 ml Gemüsefond
100 ml Sahne

ZUBEREITUNG

Zwiebeln schneiden und in Olivenöl glasig anschwitzen. Die Paprika klein schneiden und dazugeben. Dann mit Salz, Pfeffer und Zucker würzen und die Kräuter mit der fein gehackten Knoblauchzehe ebenfalls dazugeben. Alles zusammen kurz anschwitzen und mit dem Gemüsefond ablöschen. 10 Minuten kochen lassen und die Sahne hinzufügen. Aufkochen lassen, mixen und passieren.

Ananas-SALSA

Ergibt 200 ml

200 g frische Ananas

100 g Butter

Chili

Salz, Zucker

Frischer Koriander

1/2 Limette

ZUBEREITUNG

Das gewürfelte Ananasfleisch mit etwas Chili in Butter goldgelb anbraten und mit Salz und Zucker würzen. Dann alles fein pürieren und nach Belieben gehackten Koriander und Chili dazugeben. Mit dem Saft der halben Limette abschmecken.

Grüne TOMATENSALSA

Ergibt 400 ml

500 g reife grüne Tomaten (Tante Ruby)

1 kleine Schalotte

1/2 Knoblauchzehe

Olivenöl

4 Aprikosen

1 1/2 EL Honig

Estragon

Salz, Pfeffer, Zucker

ZUBEREITUNG

Tomaten in kleine Stücke schneiden, Schalotten und Knoblauch fein würfeln und alles in etwas Olivenöl anschwitzen. Dann die Aprikosen würfeln und mit dem Honig dazugeben. Am Schluss mit Estragon, Salz, Pfeffer und Zucker nach Belieben würzen.

AVOCADO-Maracuja-DIP

Ergibt 400 ml

- 200 g reife Avocado
- 2 reife Maracujas
- 100 g Paprika
- 1/8 l Maracujasaft
- 1 EL Olivenöl
- Etwas Koriander
- 1 unbehandelte Orange
- 1 unbehandelte Zitrone
- Salz, Pfeffer, Zucker
- Chili

ZUBEREITUNG

Die Avocado schälen und gemeinsam mit der Paprika in kleine Würfel schneiden. Die Maracuja halbieren und das Fruchtfleisch auslöffeln. Alle Zutaten in eine Schüssel geben und gut vermengen. Verfeinert wird der Dip mit gehacktem Koriander, den geriebenen Schalen einer ganzen unbehandelten Orange und einer Zitrone. Nach Belieben mit Salz, Pfeffer und Zucker würzen. Für eine gewisse Schärfe darf auch Chili hinzugefügt werden.

PREPARE FOR

SUPPEN

Pfannen-SUPPE mit Penne

Dieses Rezept hat ganz schön viel auf, oder besser: in der Pfanne. Gemüse-Allerlei mit Nudeln – eine köstliche Kombination.

10 Min.

EASY

FÜR 4 PERSONEN

- 200 g Pennelini
- 1 kleine Zwiebel
- 200 g Rinderhack
- 1 Ei
- 1 EL Paniermehl
- Salz, Pfeffer, Zucker
- Etwas glatte Petersilie
- Pflanzenöl
- 2 Karotten
- 2 Fleischtomaten
- 10 Kirschtomaten
- Etwas Basilikum
- 1 Zitrone

EINKAUFS-LISTE

1 Pennelini kochen (Seite 17/18). Zwiebel klein schneiden und in Öl anbraten. Das Hackfleisch mit dem Ei und Paniermehl zu einer Masse vermengen und mit Salz, Pfeffer und Zucker würzen. Geschnittene Petersilie und die angebratenen Zwiebeln dazugeben und aus der Masse kleine Bällchen formen. Mit Pflanzenöl in der Pfanne braten.

2 Karotten schälen, klein schneiden, salzen und etwas zuckern und ebenfalls in die Pfanne geben. Alles rundherum anrösten, dann wieder aus der Pfanne nehmen. Die Fleischtomaten in kleine Stücke schneiden und die Kirschtomaten halbieren.

3 Dann circa 0,75 Liter Wasser in die heiße Pfanne geben. Nudeln, Basilikum, Fleisch- und Kirschtomaten dazugeben. Die Hackbällchen mit den Karotten ebenfalls wieder dazugeben. Zum Schluss mit dem Saft einer Zitrone abschmecken und servieren.

Zitrone leicht einschneiden und den Saft über das Gericht träufeln. Verhindert, dass die Kerne beim Auspressen herausgelöst werden.

ACHTUNG: BITTE NUR ERWACHSENE! Kinder sollten zu einer Zitronenpresse greifen.

Spezialität aus der schwäbischen Küche: Maultaschen mit frischem Blattspinat, Schalotten und gemischtem Hackfleisch.

10 Min.

HOBBY

Maultaschen-SUPPE

FÜR 4 PERSONEN

700 ml Brühe
Schnittlauch

NUDELTEIG (SEITE 25)

500 g Mehl
5 Eier
1 Prise Salz
1 EL Kräuterbutter*
1 Eigelb

***KRÄUTERBUTTER (SEITE 25)**

1 EL Butter
1 kleiner Zweig Thymian
1 kleiner Zweig Rosmarin
Basilikumblätter
1 Knoblauchzehe

FÜLLUNG

2 Schalotten
200 g frischer Blattspinat
50 g Butter
Salz, Pfeffer, Zucker
Muskat
200 g gemischtes Hackfleisch
2 Eier

SCHMELZZWIEBELN

200 g geschnittene Zwiebeln
200 g Butter
40 g Öl

EINKAUFS-
LISTE

1 Die Schalotten fein würfeln, das Hackfleisch dazu geben und in Butter anbraten und mit Salz, Pfeffer, Zucker und Muskat würzen. Den Spinat so lange dünsten, bis er weich ist, etwas erkalten lassen und grob hacken.

2 Das Hackfleisch zu dem grob gehackten Spinat geben, Eier hinzufügen und alles gut vermengen.

3 Nudelteig mit Nudelmaschine ausrollen. Der Länge nach 2/3 des Teiges mit der Füllung belegen, restlichen Teig mit Eigelb bestreichen. Von vorne zusammenrollen und etwas flach drücken. Mit einem Messer in kleine Portionen teilen.

4 Maultaschen in der heißen Brühe für 12 Minuten ziehen lassen. In der Zwischenzeit Schmelzzwiebeln zubereiten. Dafür Zwiebeln in Butter und Öl braun rösten. Zum Schluss alles zusammen anrichten und mit etwas Schnittlauch bestreuen.

TIPP

Nudelteig selbst gemacht:
Unsere Step-by-Step-Anleitung auf Seite 25 zeigt, wie man den perfekten Nudelteig ganz leicht selber machen kann.

10 Min.

EASY

Buchstaben-SUPPE

Der Klassiker unter den Suppen: Bei diesem einfachen Gericht läuft Kindern buchstäblich das Wasser im Mund zusammen.

FÜR 4 PERSONEN

80 g Buchstabennudeln

750 ml Gemüsebrühe

1 Karotte

Schnittlauch

EINKAUFS-LISTE

TIPP ***Die Nudeln können auch direkt in der Brühe gekocht werden.***

1 Buchstabennudeln vorkochen (Seite 19) und die Brühe erhitzen.

2 In der Zwischenzeit die Karotte schälen, halbieren, in Scheiben schneiden und anschließend salzen, pfeffern, zuckern. Dann in der Brühe für 2 Minuten mitkochen. Die vorgekochten Nudeln hinzufügen und in der Brühe kurz erhitzen.

3 Zum Servieren die Buchstabensuppe mit fein geschnittenem Schnittlauch bestreuen.

STEFAN

Diese Suppe hat Asien in sich: Udonnudeln mit Sojasprossen und Thai-Spargel verleihen dem Gericht eine typisch asiatische Note.

Udon-Suppe

FÜR 4 PERSONEN

- 50 g rote Paprika
- 50 g grüne Paprika
- 20 Thai-Spargelspitzen
- 8 Shiitake-Pilze oder Champignons
- 750 ml Gemüsebrühe
- 4 Päckchen Udonnudeln
- 50 g kleine Sojasprossen

EINKAUFS-LISTE

25 Min.

EASY

1 Die Paprika klein schneiden und kurz mit den Spargelspitzen anbraten, vorher aktivieren (Seite 215).

2 Dann die klein geschnittenen Pilze dazugeben, mit der Brühe ablöschen und kurz aufkochen lassen. Wer das Gemüse nicht anbraten möchte, kann es auch roh in der Brühe ziehen lassen.

3 Nudeln nach Packungsanweisung kochen, in eine Schüssel füllen, mit der Suppe aufgießen und Sojasprossen darüberstreuen.

TIPP ***Ingwer, Frühlingszwiebeln und ein Schuss Sojasauce geben einen zusätzlichen frischen und exotischen Geschmack.***

Pasta loca

Spaghetti-PIZZA

Zwei Klassiker in einem Gericht – Pasta und Pizza. Hier dürfen Reste verwertet werden: Nudeln vom Vortag eignen sich perfekt.

FÜR 4 PERSONEN

800 g gekochte Nudeln vom Vortag

Pflanzenöl

600 g verschiedene Tomaten

Allround-Vinaigrette*

Weißer Balsamico-Essig

1 kleiner Bund Basilikum

200 g Hüttenkäse

1 unbehandelte Zitrone

***ALLROUND-VINAIGRETTE**

25 g Senf

100 ml Weißer Balsamico

100 ml Pflanzenöl

25 ml Wasser

Salz, Pfeffer, Zucker

(Ergibt 200 ml Sauce. *Zubereitung siehe Seite 35)*

EINKAUFS-LISTE

20 Min.

EASY

1 Nudeln vom Vortag in Pflanzenöl von beiden Seiten knusprig anbraten.

2 Die Tomaten schneiden, mit der Allround-Vinaigrette marinieren und zusätzlich einen Schuss Balsamico-Essig hinzugeben.

3 Die marinierten Tomaten auf die gebratenen Nudeln aufsetzen und mit Basilikum bestreuen. Nockerln vom Hüttenkäse daraufsetzen und Zitronenschale darüberreiben.

Pasta-SCHASCHLIK mit GEMÜSE

Diese bunten Snacks sind alles andere als spießig und lassen sich wunderbar mit saisonalem Obst und Gemüse variieren.

30 Min.

EASY

FÜR 4 PERSONEN

200 g Nudeln
(zum Aufspießen geeignet)
1 Zucchini
1 gelbe Paprika
1 rote Paprika
1 rote Zwiebel
1/2 Mango
5 Aprikosen
8 Physalis
Salz, Pfeffer, Zucker
Pflanzenöl
Olivenöl
6 lustige Spieße
*100 ml grüne Tomatensalsa
**100 ml Avocado-Maracuja-Dip
***100 ml rote Tomatensauce 1

***GRÜNE TOMATENSALSA**

500 g reife grüne Tomaten
(Tante Ruby)
1 kleine Schalotte
1/2 Knoblauchzehe
Olivenöl
4 Aprikosen
1 1/2 EL Honig
40 g Estragon
Salz, Pfeffer, Zucker

(Ergibt 400 ml Sauce. Zubereitung siehe Seite 38)

****AVOCADO-MARACUJA-DIP**

200 g Avocado
2 reife Maracujas
100 g Paprika
1/8 l Maracujasaft
1 EL Olivenöl
Etwas Koriander
1 unbehandelte Orange
1 unbehandelte Zitrone
Salz, Zucker
Chili

(Ergibt 400 ml Sauce. Zubereitung siehe Seite 39)

*****ROTE TOMATENSAUCE 1**

500 g sehr reife Tomaten
1 EL Zucker
1/2 EL Salz
1/2 Chili (je nach Schärfe)
5 EL Olivenöl

(Ergibt 500 ml Sauce. Zubereitung siehe Seite 33)

EINKAUFS-LISTE

1 Die Nudeln kochen (Seite 17/18). In der Zwischenzeit Gemüse und Obst in grobe Scheiben schneiden. Das Gemüse mit Salz und Zucker aktivieren (Seite 215) und mit Pfeffer würzen.

2 Nudeln mit dem Gemüse und Obst in die Pfanne geben und in Pflanzenöl anbraten. Dann etwas Olivenöl dazugeben.

3 Alles Schicht für Schicht aufspießen und mit den Saucen anrichten.

TIPP ***Wer keine reife Mango findet, kann stattdessen auch gerne Erdbeeren verwenden.***

TIPP

Sicherheit ist das oberste Gebot beim Kochen mit Kindern. Ganz wichtig ist das Schneiden auf einer festen Unterlage und das Verwenden von speziellen Kindermessern. Außerdem sollte immer seitlich vom Körper weg geschnitten werden.

STEFANS VIDEO-TIPP:
Kinder und Messer

60 Min.

HOBBY

FÜR 4 PERSONEN

300 g Nudeln nach Wahl
60 g Büffelmozzarella
1 TL Kräuter
Olivenöl
2 EL weiße Tomatensauce*
30 g Parmesan
200 g Spinat (TK)
Salz, Pfeffer, Zucker, Muskat
Mehl
2 Eier
Semmelbrösel / wahlweise
Paniermehl z. B. Panko
1 Zitrone

***WEISSE TOMATENSAUCE**

80 g Zwiebeln
50 g Butter
250 ml weißer Tomatensaft**
1 Prise Cayennepfeffer
Salz, Zucker
150 ml Sahne

****WEISSER TOMATENSAFT**

1 kg reife Tomaten
1 gehäufter EL Salz
1 gehäufter EL Zucker
Pfeffer
3 Basilikumblätter
1 kleiner Zweig Thymian
(nur die Blätter)
1 kleine Knoblauchzehe

(Ergibt 500 ml weiße Tomatensauce. Zubereitung siehe Seite 32)

EINKAUFS-LISTE

1 Die Nudeln kochen (Seite 17/18). Den Büffelmozzarella klein schneiden und die Kräuter fein hacken.

2 Die gekochten Nudeln in einer Pfanne in Olivenöl anschwitzen. Dann die Tomatensauce, Parmesan, Mozzarella und die Kräuter hinzugeben und alles vermischen.

3 Den aufgetauten Spinat mit der weißen Tomatensauce fein mixen und erhitzen. Mit Salz, Pfeffer, Zucker und Muskat abschmecken.

4 Die Nudelmischung heiß in einen Servierring pressen und auskühlen lassen.

5 Das Nudelpatty im verquirlten Mehl, Eiern, Semmelbröseln (oder Panko) panieren und in der Pfanne ausbacken. Auf dem Rahmspinat anrichten und eine Zitronenecke dazugeben.

Nudelschnitzel
mit RAHMSPINAT

Schnitzel mal ganz ohne Fleisch.
Das geht und schmeckt sogar tierisch gut.
Ein außergewöhnliches Gericht für
große und kleine Gäste.

Die weiße Tomatensauce muss bereits
am Tag zuvor vorbereitet werden.

TIPP ***Wer keinen Servierring zu Hause hat, kann sich aus etwas Alufolie schnell einen selber basteln. Dafür werden 3–4 Aluminiumfolienschichten zu einer Schlange zusammengedrückt, um eine Konservendose gewickelt und in Form gebracht.***

20 Min.

EASY

Pasta-Sandwich

Vier Toastbrote, Spaghetti und eine bunte Gemüsemischung: Von diesem Sandwich kann sich jeder eine Scheibe abschneiden.

FÜR 4 PERSONEN

2 Stangen frischer Spargel
1 Zucchini
2 Karotten
Salz, Zucker
300 g Spaghetti
4 Scheiben Toastbrot
250 ml Milch
2 Eier
1 Prise Muskat
Olivenöl
125 ml rote Tomatensauce 2*
1 Schale Kräuter

***ROTE TOMATENSAUCE 2**

3 Zwiebeln
100 g Karotten
100 g Sellerie
1–2 EL Olivenöl
1700 g Tomaten aus der Dose (Abtropfgewicht)
Salz, Pfeffer, Zucker
1 EL gehackter Thymian und Rosmarin
1 unbehandelte Zitrone

(Ergibt 1500 ml Sauce. Zubereitung siehe Seite 33)

EINKAUFS-LISTE

1 Gemüse mit dem Sparschäler in Streifen schälen oder durch den Spiralschneider drehen, sodass man eine Schale Gemüsenudeln erhält.

2 Diese Gemüsenudeln leicht salzen und zuckern und 20 Minuten ziehen lassen. In der Zwischenzeit die Spaghetti kochen (Seite 17/18). Die Gemüsenudeln die restlichen 2–3 Minuten mitkochen.

3 Die Rinde vom Toast entfernen, diagonal halbieren, sodass Dreiecke entstehen. Nun Milch und Eier vermengen, mit Muskat würzen und die Toastscheiben darin einlegen und in der Pfanne mit Olivenöl ausbacken.

4 Nun kann jedes Kind sein Sandwich selbst anrichten: Spaghetti und Gemüsenudeln, rote Tomatensauce und Kräuter aufs Toastbrot geben, Scheibe Toastbrot obendrauf, fertig!

STEFANS VIDEO-TIPP:
Kind auf Kiste

Lasagne-Burger

FÜR 4 PERSONEN

4 Burgerbrötchen
4 ausgestochene Stücke Lasagne (vom Vortag)
2 Tomaten
1 Salatgurke
1 kleiner Römersalat
Allround-Vinaigrette*
Tomatenketchup**

***ALLROUND-VINAIGRETTE**

25 g Senf
100 ml Weißer Balsamico
25 ml Pflanzenöl
25 ml Wasser
Salz, Pfeffer, Zucker

(Ergibt 200 ml Sauce. Zubereitung siehe Seite 35)

****TOMATENKETCHUP**

8 EL Tomatenmark
8 EL Essig (mild)
12 EL Zucker
1/2 TL Salz
12 EL Pflanzenöl

(Ergibt 400 ml Ketchup. Zubereitung siehe Seite 37)

EINKAUFS-
LISTE

Lasagne und Burger passt nicht? Passt doch! Bei dieser neuen Burger-Initiative wird Lasagne in ein Burgerbrötchen geschichtet.

25 Min.

EASY

1 Burgerbrötchen kurz aufbacken und die Lasagne bei 150 °C für circa 15 Minuten im Ofen erhitzen.

2 Tomaten und Gurke in Scheiben schneiden. Den Salat in Streifen schneiden und mit der Vinaigrette beträufeln. Alle Zutaten für den Tomatenketchup miteinander vermengen.

3 Das Brötchen aufschneiden und das Unterteil mit Tomatenketchup bestreichen. Darauf den marinierten Salat schichten, die warme Lasagne aus dem Ofen holen und auf den Salat legen. Zum Schluss noch Gurken- und Tomatenscheiben und den Brötchendeckel drauflegen.

TIPP

Aus Resten vom Vortag lassen sich alle möglichen Burger-Variationen kreieren.

35 Min.

EASY

Nudel-currywurst mit Makkaroni-Pommes

Die herkömmliche Currywurst bekommt jetzt Konkurrenz und wird zur Nudeldelikatesse.

FÜR 4 PERSONEN

- Brät von 4 groben Bratwürsten
- 4 frische Nudelteigblätter (Seite 25)
- 1 Eigelb
- 20 Makkaroni
- Tomatenketchup* (oder fertiges Ketchup)
- Currypulver
- Öl zum Backen/Frittieren

***TOMATENKETCHUP**

- 8 EL Tomatenmark
- 8 EL Essig (mild)
- 12 EL Zucker
- 1/2 TL Salz
- 12 EL Pflanzenöl

(Ergibt 400 ml Ketchup. Zubereitung siehe Seite 37)

EINKAUFS-
LISTE

1 Das Brät von 4 groben Bratwürsten in die Nudelteigblätter füllen. Ein halbes Eigelb und die gleiche Menge Wasser vermengen. Die Kanten der Nudelteigblätter mit dem Eigelbgemisch bestreichen, zusammenrollen und andrücken.

2 Die Makkaroni kochen. Für 10 Minuten die zusammengerollten Nudelteigblätter bei 80 °C heißem Wasser ziehen lassen, dann wieder herausnehmen und auf einen Teller legen.

3 Alle Zutaten für den Tomatenketchup miteinander vermengen. Currypulver darübergeben, die gekochten Makkaroni klein schneiden (in Pommeslänge) und in Öl ausfrittieren.

4 Serviert werden die Nudelrollen mit Tomatenketchup und Currypulver auf einem Teller, Makkaroni dazu. Fertig ist die Nudelcurrywurst.

Veggie

Pretty in Pink: Diese Pasta ist geschmackvoll und hübsch anzuschauen. Ein toller Hingucker, wenn sich Gäste ankündigen.

Pinke SPIRELLI

FÜR 4 PERSONEN

300 g Spirelli

Salz, Zucker

500 ml Rote-Bete-Saft

150 ml Sahne

50 g Erbsen

50 g Karotten

50 g Zucchini

50 g Paprika

50 g Sprossen

EINKAUFS-
LISTE

1 Die Spirelli im Rote-Bete-Saft kochen, bis sie al dente sind. 150 ml Sahne zu den Rote-Bete-Nudeln dazugeben und mit Salz und Zucker abschmecken.

2 Karotten, Zucchini und Paprika in kleine Dreiecke schneiden, aktivieren (Seite 215) und zusammen mit den Erbsen 30 Minuten ruhen lassen und dann für 1–2 Minuten garen.

3 Nudeln anrichten, Gemüse darübergeben und mit Sprossen garnieren.

Käse-Spätzle

VEGGIE

15 Min.

PROFI

Nichts für den Spatzenhunger. Auch wenn Spätzle die schwäbische Koseform von Spatz ist, macht dieses würzige Käsegericht richtig satt.

FÜR 4 PERSONEN

400 g Mehl
5 Eier
Salz
Muskat
200 g Käse (Bergkäse, Emmentaler oder Gouda)
300 g Zwiebeln
5 EL Öl
Butter
Schnittlauch

EINKAUFS-LISTE

1 Mehl, Eier, Salz und Muskat in eine Schüssel geben und zu einem Teig schlagen, bis er Blasen wirft. Im Anschluss den Teig für eine halbe Stunde ziehen lassen.

2 Den Teig mithilfe eines Spätzlehobels in kochendes Salzwasser schaben und so lange kochen, bis die Spätzle an der Oberfläche schwimmen.

3 In eine gebutterte Form schichtweise die gekochten Spätzle und den Käse geben und für circa 15 Minuten bei 180 °C Umluft in den Backofen schieben.

4 In der Zwischenzeit die Schmelzzwiebeln zubereiten. Dafür die Zwiebeln in Scheiben schneiden und halbieren. Im Anschluss in Butter und Öl rösten, bis sie braun sind.

5 Die Spätzle aus dem Ofen nehmen und mit den Schmelzzwiebeln und dem geschnittenen Schnittlauch servieren.

Nudeln mit NIX (und Parmesan)

*Manchmal ist weniger mehr.
Nur der Parmesan krönt das Nudelgericht
und sorgt für das richtige Aroma.
Schnell zubereitet und einfach lecker.*

10 Min.

EASY

FÜR 4 PERSONEN

300 g frische Tagliatelle (Seite 22)

2 EL Butter

8 EL Olivenöl

Schwarzer Pfeffer

60 g Parmesan

EINKAUFS-
LISTE

1. Die Tagliatelle kochen. (Seite 17/18)
2. In einer Pfanne Butter und Öl erhitzen und die Tagliatelle einrühren. Mit Pfeffer würzen und die Hälfte des Parmesans fein reiben und unterrühren.
3. Die Nudeln anrichten und den Rest Parmesan grob darüberreiben.

1. Risoni kochen (Seite 17/18). Nach der Hälfte der Garzeit Deckel abnehmen und unter ständigem Rühren einkochen.

2. Schalotten in Würfel schneiden, in Olivenöl glasig schwitzen und mit Brühe ablöschen. Tomaten in Würfel schneiden. Die Nudeln sowie die Tomatenwürfel zu den Schalotten geben, einmal aufkochen lassen und mit Salz und Pfeffer abschmecken.

3. Zum Schluss mit kalter Butter und Parmesan abbinden und vor dem Servieren mit grob gehobeltem Parmesan bestreuen.

STEFANS VIDEO-TIPP:
Nudelwasser abschütten?

Nudel-OTTO

Das etwas andere Risotto für Pasta-Liebhaber, die mal aus der typischen Nudelgerichte-Sammlung ausbrechen wollen.

VEGGIE

35 Min.

EASY

FÜR 4 PERSONEN

200 g Risoni-Nudeln
50 g Schalottenwürfel
Olivenöl
200 ml Gemüsebrühe
150 g gemischte Tomaten
Salz, Pfeffer
50 g kalte Butter
60 g geriebener Parmesan
Parmesan zum Hobeln

EINKAUFS-LISTE

Gefüllte Muscheln mit Zucchini

Muscheln für Vegetarier? Das geht, zumindest optisch, mit einer gefüllten Nudelvariante, die an Meeresfrüchte erinnert.

VEGGIE

30 Min.

EASY

FÜR 4 PERSONEN

30 Conchiglioni (Muschelnudeln)
2 Zucchini
Salz, Pfeffer, Zucker
160 g Mozzarella
1 unbehandelte Zitrone
4 EL Olivenöl
125 ml rote Tomatensauce 1*
1 TL Oregano
60 g Parmesan

***ROTE TOMATENSAUCE 1**

500 g sehr reife Tomaten
1 EL Zucker
1/2 EL Salz
1/2 Chili (je nach Schärfe)
5 EL Olivenöl

(Ergibt 500 ml Sauce. Zubereitung siehe Seite 33)

EINKAUFS-LISTE

1 Muschelnudeln kochen (Seite 17/18). In der Zwischenzeit die Zucchini grob raspeln und mit Salz, Pfeffer und Zucker würzen.

2 Die Zucchiniraspeln in einem Sieb entsaften. Den Mozzarella hacken und etwas Zitronensaft und Schalenabrieb dazugeben. Alles vermengen und das Olivenöl daruntergeben.

3 Die Muschelnudeln mit der Zucchini-Mischung füllen. Die rote Tomatensauce in eine Auflaufform geben. Oregano darüberstreuen und die gefüllten Muscheln auf die Sauce setzen. Zum Schluss das Ganze mit Parmesan bestreuen und für 10–12 Minuten bei 160 °C Umluft in den Backofen geben.

STEFANS VIDEO-TIPP:
Was gehört ins Nudelwasser?

PREPARE FOR
LANDING

NUDELN mit Schnippelbohnen

Im Handumdrehen ein leckeres Gericht zaubern. Und bei den Gästen grüne Bonuspunkte sammeln.

40 Min.

HOBBY

FÜR 4 PERSONEN

400 g Nudelteig (Seite 22)
400 g Kartoffeln
400 g Schnippelbohnen
1 Bund Basilikum
4 EL grünes Pesto*

***GRÜNES PESTO**

150 ml Olivenöl
100 g geröstete Pinienkerne
100 g Parmesan
1 kleine Knoblauchzehe
2 Bund Basilikum, wahlweise auch Rucola oder Petersilie
Salz, Pfeffer, Zucker

(Ergibt 400 ml Sauce. Zubereitung siehe Seite 36)

EINKAUFS-LISTE

1. Aus dem Nudelteig eine Art Schupfnudeln rollen und in kochendes Salzwasser geben. 1–2 Minuten kochen und die Schupfis abschöpfen.

2. Die Kartoffeln würfeln und zusammen mit den Bohnen in das Nudelwasser geben und für circa 2–3 Minuten kochen lassen.

3. Die Nudeln zu den Kartoffeln und Bohnen ins Kochwasser geben und mit Basilikum und Pesto anrichten.

Lauwarmer Spaghetti-Salat

So wird Salat zur Hauptspeise: Anstatt kalte Spirelli & Co. zu verwenden, einfach mal lauwarme Spaghetti mit Gemüse servieren.

FÜR 4 PERSONEN

300 g Spaghetti
Olivenöl
Schwarzer Pfeffer
Parmesan

MARINADE

500 g verschiedene Tomaten
4 EL Olivenöl
4 EL Weißer Balsamico
Salz, Pfeffer, Zucker
Kleines Bund Basilikum

GEMÜSE

150 g gemischtes Gemüse (Gurke, Zucchini, gelbe und rote Paprika, Möhren)
Salz, Zucker, Pfeffer
Olivenöl
2–3 Rosmarinzweige
2–3 Thymianzweige

EINKAUFS-LISTE

1 Spaghetti kochen (Seite 17/18). Für die Marinade die Tomaten mit den Händen zerdrücken. Basilikum klein hacken und hinzufügen. Alle weiteren Zutaten ebenfalls zu den Tomaten geben und anschließend alles vermengen.

2 Die eine Hälfte der Marinade in eine große Schüssel geben und die gekochten, noch heißen Spaghetti hinzufügen und sofort durchrühren.

3 Das Gemüse klein schneiden, salzen, zuckern, pfeffern, Olivenöl dazugeben und gut durchmischen. Im Anschluss in der Pfanne anbraten und mit Rosmarin- und Thymianzweigen ergänzen.

4 Das angebratene Gemüse mit den Kräutern zu den marinierten Spaghetti geben und die restliche Marinade hinzufügen. Alles gut vermischen.

5 Olivenöl dazugeben und Parmesan nach Belieben darüberreiben. Mit schwarzem Pfeffer würzen und vor dem Servieren gerne noch einmal Parmesan darüberhobeln.

Frisches und unterschiedliches Gemüse verleiht dem Salat seine Raffinesse.

Die Tomaten dürfen auch gerne von den Kindern mit der Hand zerdrückt werden.

Die Zutaten müssen alle gut vermengt werden.

NUDEL-AUFLAUF *Caprese*

Überbackenes liebt jeder! Mit dieser originellen Variante in Rot-Weiß-Grün wird zudem das Land der Nudeln, Italien, in die heimische Küche geholt.

VEGGIE

40 Min.

HOBBY

FÜR 4 PERSONEN

300 g gekochte Nudeln (beliebig)
Salz, Pfeffer, Zucker
2 grüne Tomaten
2 rote Tomaten
1/2 Bund Basilikum
5 Mini-Mozzarella
200 ml Béchamel-Sauce*
2 Eier
150 g Reibekäse

***BÉCHAMEL-SAUCE**

60 g Butter
40 g Mehl
1/4 l Milch
Salz, Pfeffer, Zucker
1 Prise Muskatnuss

EINKAUFS-LISTE

1 Tomaten grob würfeln und mit Salz, Pfeffer und Zucker würzen.

2 Nudeln, Tomaten, Mozzarella und Basilikum vermischen und in eine Auflaufform füllen.

3 Butter in einem Topf schmelzen und Mehl mit dem Schneebesen einrühren und darin anschwitzen. Kalte Milch langsam dazugeben und immer gut umrühren, bis sich eine glatte Sauce ergibt. Mit Salz, Pfeffer, Zucker und Muskatnuss würzen. Unter ständigem Rühren 8 Minuten kochen lassen.

4 Die Béchamel-Sauce mit den Eiern mischen und über die Nudeln gießen, mit dem Reibekäse bestreuen und bei 200 °C für circa 15 Minuten in den Ofen geben.

Makkaroni mit RAHMSPINAT in der Dose

Das Besondere an diesem Rezept ist nicht nur der Geschmack, sondern auch die Optik: Wer möchte, serviert es in der Dose.

FÜR 4 PERSONEN

300 g Makkaroni
2 Schalotten
20 g Butter
400 g frischer Spinat
Salz, Pfeffer, Zucker
1 Prise Muskatnuss
1/8 l Sahne
(alternativ Crème fraîche)
1/2 rote Paprika
1/2 gelbe Paprika
Pflanzenöl
1 Zitrone

EINKAUFS-
LISTE

1 Die Makkaroni kochen (Seite 17/18). In der Zwischenzeit die Schalotten würfeln und in Butter anschwitzen, dann den Spinat dazugeben. Salzen, pfeffern, zuckern, etwas Muskat und die Sahne hinzufügen. Dann alles pürieren und mit den Nudeln vermengen.

2 Für die Garnitur die rote und gelbe Paprika in Würfelchen schneiden, mit Salz, Pfeffer, Zucker würzen und in Pflanzenöl knackig anbraten.

3 Alles vermischen und mit etwas Zitronensaft verfeinern. In die Dose füllen und servieren.

VEGGIE

25 Min.

EASY

TIPP ***Die scharfe Kante der Konservendose mit Sandpapier vorsichtig abschmirgeln, anschließend Dose auswaschen. Der Durchmesser der Blechdose sollte nicht zu klein sein, damit man leicht daraus essen kann.***

Gemüsenudeln auf KÜRBISKRAUT

FÜR 4 PERSONEN

200 g Tagliatelle

6 Stangen weißer Spargel

6 Stangen grüner Spargel

1 Zucchini

2 rote Paprika

2 Karotten

Salz, Pfeffer, Zucker

1 Bund Frühlingszwiebeln

Butter

Olivenöl

Etwas Schnittlauch

80 g Parmesan

1 unbehandelte Zitrone

1 Hokkaidokürbis

Pflanzenöl

Kürbiskernöl

250 ml grüne Tomatensalsa*

***GRÜNE TOMATENSALSA**

500 g reife grüne Tomaten (Tante Ruby)

1 kleine Schalotte

1/2 Knoblauchzehe

Olivenöl

4 Aprikosen

1 1/2 EL Honig

Estragon

Salz, Pfeffer, Zucker

(Ergibt 400 ml Sauce. Zubereitung siehe Seite 38)

EINKAUFS-LISTE

Dieses Rezept klingt nicht nur exotisch, es schmeckt auch so. Die Zubereitung ist aber relativ simpel und gelingt auch ungeübten Köchen.

1 Nudeln kochen (Seite 17/18). Das Nudelwasser nicht abgießen. Nudeln warm halten. Spargel, Zucchini, Paprika und Karotten schälen.

2 Die Frühlingszwiebeln der Länge nach halbieren und das geschälte Gemüse mithilfe eines Sparschälers in Streifen schneiden. Alles mit Salz, Pfeffer und Zucker würzen. Mit etwas Butter für circa 1/2 Minute in der Pfanne dünsten. Die gekochten Nudeln dazugeben.

3 Olivenöl und Schnittlauch ebenfalls hinzufügen und den Parmesan darüberstreuen. Die Gemüsenudeln vom Herd nehmen und warm halten.

4 Kürbis grob reiben, mit Salz, Pfeffer und Zucker würzen und in Pflanzenöl anschwitzen. Zitronenabrieb und ausgepressten Saft dazugeben. Mit etwas Kürbiskernöl beträufeln.

5 Zum Schluss alles zusammen arrangieren und die Salsa dazugeben.

Pochierte Eier mit Spinat und MAKKARONI

VEGGIE

30 Min.

HOBBY

Spinat mit Ei mal anders serviert: In Kombination mit leckeren Makkaroni schmeckt dieses schnell zubereitete Gericht der ganzen Familie.

Die weiße Tomatensauce muss bereits am Tag zuvor vorbereitet werden.

1 Makkaroni kochen (Seite 17/18). In der Zwischenzeit den Spinat mit Salz, Pfeffer, Zucker und Muskat durchkneten.

2 Tomaten vierteln, Zwiebel in Streifen schneiden. Beides in Butter dünsten, den Spinat dazugeben, mit weißer Tomatensauce ablöschen und für 2–3 Minuten köcheln lassen. Makkaroni und Baby-Mozzarella ebenfalls dazugeben.

3 Parallel: in einem breiten Topf Wasser mit einem Schuss Essig erhitzen (pro Liter Wasser circa 3 EL Essig). Die Eier jeweils in eine Kelle oder kleine Schale schlagen und vorsichtig in das leicht siedende Wasser gleiten lassen. Circa 2–3 Minuten ziehen lassen, bis das Eiweiß stockt und das Eigelb noch flüssig ist. Anschließend mit einer Schaumkelle aus dem Essigwasser heben.

4 Die pochierten Eier auf dem Makkaroni-Gemüse anrichten, etwas salzen und mit Schnittlauch bestreuen.

FÜR 4 PERSONEN

400 g frischer Blattspinat
Salz, Pfeffer, Zucker
Muskat
20 Kirschtomaten
1 rote Zwiebel
2 EL Butter
200 ml weiße Tomatensauce*
200 g Makkaroni
12 Baby-Mozzarella
1 EL Weißwein-Essig
8 Eier
Etwas Schnittlauch

***WEISSE TOMATENSAUCE**

80 g Zwiebeln
50 g Butter
250 ml weißer Tomatensaft**
1 Prise Cayennepfeffer
Salz, Zucker
150 ml Sahne

****WEISSER TOMATENSAFT**

1 kg reife Tomaten
1 gehäufter EL Salz
1 gehäufter EL Zucker
Pfeffer
3 Basilikumblätter
1 kleiner Zweig Thymian
(nur die Blätter)
1 kleine Knoblauchzehe

(Ergibt 400 ml Sauce. Zubereitung siehe Seite 32)

EINKAUFS-LISTE

Nudeln auf Bananenblatt

FÜR 4 PERSONEN

300 g Gnocchi-Nudeln (Gnocchi-ähnliche Form)
2 Bananen
1 gelbe Paprika
Salz, Pfeffer, Zucker
Muskat
12 Kirschtomaten
1 Limette
1 großes Bananenblatt
60 g Butter
1/4 Bund Kerbelblätter
Küchengarn

EINKAUFS-LISTE

Natürlich gut verpackt! Das Gericht im Bananenblatt ist ein absoluter Hingucker, der nicht nur Eindruck auf Gäste macht, sondern auch großen Appetit.

1. Nudeln kochen (Seite 17/18). Währenddessen die Bananen schälen und in Würfel schneiden.

2. Die Paprika ebenfalls in Würfel schneiden. Mit Salz, Pfeffer, Zucker und Muskat würzen.

3. 1/3 des Bananenblattes abschneiden. Gnocchi, Bananen- und Paprikawürfel sowie die Kirschtomaten miteinander vermischen, den Saft einer Limette dazu und alles in die Mitte des großen Bananenblattes legen. Butterflocken und Kerbel darüberstreuen.

4. Das abgeschnittene Blatt auf die Masse legen und das Ganze mit Küchengarn wickeln und verschnüren. Im Backofen bei 160 °C circa 20 Minuten ziehen lassen.

10 Min.
HOBBY

Die klein geschnittenen Zutaten werden vermischt und auf dem Bananenblatt drapiert.

Jetzt ist Fingerspitzengefühl gefragt! Die Bananenblätter werden mit Küchengarn verschnürt.

Kurz vor dem Servieren: Öffnet man das Päckchen, strömt einem das volle Aroma entgegen.

Tagliolini

mit selbst gemachtem KETCHUP

Nudeln selber machen ist ein echtes Handwerk und mit der richtigen Anleitung gar nicht schwer. Wie man sieht, macht es auch richtig Spaß.

FÜR 4 PERSONEN

NUDELTEIG

- 200 g Mehl
- 300 g grobes Mehl/ Nudelgries
- 5 Eier
- 1 Prise Salz
- 1 Prise Muskatnuss
- 40 ml Olivenöl

AUSSERDEM

- Tomatenketchup*
- 1 EL Butter
- schwarzer Pfeffer
- Parmesan

***TOMATENKETCHUP**

- 8 EL Tomatenmark
- 8 EL Essig (mild)
- 12 EL Zucker
- 1/2 TL Salz
- 12 EL Pflanzenöl

(Ergibt 400 ml Ketchup. Zubereitung siehe Seite 37)

EINKAUFS-LISTE

1 Einen Kreis aus Mehl und Nudelgries legen. In die Mitte eine Mulde drücken und die Eier hinzugeben. Salz, Muskat und Olivenöl ebenfalls hinzufügen und alles ordentlich durchkneten. Den Teig in Klarsichtfolie einpacken und für mindestens 1 Stunde im Kühlschrank ruhen lassen.

2 Den Teig in eine Nudelmaschine geben. Beidseitig mit Mehl bestäuben und die Teigmasse nach und nach auf 1 mm Stärke durch die Maschine ziehen. Jetzt die dünne Nudelplatte auf die gewünschte Nudellänge schneiden.Den Aufsatz der Maschine zum Schneiden wechseln und die gekürzten Nudelplatten zu Tagliolini verarbeiten.

3 In der Zwischenzeit alle Zutaten für den Tomatenketchup miteinander vermengen.

4 Dann die frischen Tagliolini kochen (Seite 17/18). Mit Butter und schwarzem Pfeffer vermischen. Anschließend mit Tomatenketchup und Parmesan servieren.

40 Min.

EASY

Mezzelune *mit Salbei*

FÜR 4 PERSONEN

400 g Nudeln mit Ricottafüllung*
1 Eigelb
Einige Salbeiblätter
1 EL Butter
1 Knoblauchzehe
Salz, Pfeffer
30 g Parmesan

***NUDELN SELBST GEMACHT**

300 g Nudelteig (Seite 25)

FÜLLUNG

500 g Ricotta
Petersilie
Basilikum
Schnittlauch
1 unbehandelte Zitrone
1 unbehandelte Orange
100 g Zucchini
Salz, Zucker, Pfeffer
50 g Parmesan
2 TL Olivenöl

EINKAUFS-LISTE

VEGGIE

35 Min.

PROFI

Diese halbmondförmigen Teigtaschen sind mit Ricotta gefüllt und werden mit Salbei verfeinert.

1 Mezzelune selbst gemacht: Für die Füllung Ricotta in eine Schüssel füllen und die Kräuter sowie die abgeriebene Schale von Orange und Zitrone dazugeben. Dann die Zucchini hineinraspeln und mit Salz, Zucker und Pfeffer abschmecken. Den Parmesan hineinhobeln, das Olivenöl dazugeben und alles miteinander vermengen.

2 Nudelteig ausrollen. Mit einem kleinen Glas runde Platten ausstechen und die Ricottafüllung daraufsetzen. Ein halbes Eigelb und die gleiche Menge Wasser vermengen, den Nudelteigrand damit bestreichen, zusammenfalten und die Ränder andrücken.

3 Die Nudeln kochen (Seite 17/18). In der Zwischenzeit die Salbeiblätter in der Pfanne mit Butter und Knoblauch kurz knusprig werden lassen und mit Salz und Pfeffer abschmecken. Die Nudeln dazugeben und mit Parmesan servieren.

Für eine gleichmäßige Form den Nudelteig mit einem Glas ausstechen.

FOR

NUDELSCHLANGE
mit Kichererbsen

Nudeln auf der Erbse, oder umgekehrt! Ganz egal, denn die Gäste werden in jedem Fall Schlange stehen.

FÜR 4 PERSONEN

400 g Nudelteig (Seite 22) oder
400 g Bandnudeln (fertige)
100 g Kichererbsen
100 g Erbsen
4 EL grünes Pesto*
1 Zweig Rosmarin
1 EL Butter
Petersilie

***GRÜNES PESTO**

150 ml Olivenöl
100 g geröstete Pinienkerne
100 g Parmesan
1 kleine Knoblauchzehe
1 Bund Basilikum, wahlweise
auch Rucola oder Petersilie
Salz, Pfeffer, Zucker

(Ergibt 400 ml Sauce. Zubereitung siehe Seite 36)

EINKAUFS-
LISTE

1 Den Nudelteig ausrollen und Bandnudeln zubereiten. Wahlweise bereits fertige Bandnudeln verwenden.

2 Die Bandnudeln kochen (Seite 17/18) und 200 ml Nudelwasser aufheben.

3 Die Kichererbsen und Erbsen in dem Nudelwasser erwärmen und mit dem Pesto vermengen.

4 Den Rosmarinzweig und die Butter dazugeben und alles in einer Pfanne durchschwenken. Mit etwas Petersilie bestreuen und servieren.

VEGGIE

30 Min.

EASY

Ravioli mit RAHMCHAMPIGNONS

Nudelteigtaschen mit Champignons in einer cremigen Sauce bilden die optimalen Rahmenbedingungen für ein gelungenes Familienessen.

FÜR 4 PERSONEN

32 Ravioli (Rezept Seite 25–27)

1 Schalotte

300 g Champignons

Salz, Pfeffer, Zucker

Butter

250 g Schmand

2 EL Semmelbrösel

1/2 Bund Blattpetersilie

EINKAUFS-LISTE

1 Die frischen Ravioli kochen (Seite 17/18). In der Zwischenzeit die Schalotte und die Champignons klein schneiden und mit Salz, Pfeffer und einer Prise Zucker würzen. Danach mit Butter in der Pfanne anbraten.

2 Schmand hinzufügen. Durchschwenken.

3 Circa 30 g Butter und Semmelbrösel in einer separaten Pfanne anbraten. Ravioli mit den Champignons, Schalotten und Bröseln anrichten und mit frischer Petersilie bestreuen.

PAPPARDELLE
mit Süßkartoffelpüree und gebratenem SPITZKOHL

Der milde Geschmack der Süßkartoffel und der leicht säuerliche Kohl ergänzen sich – einfach spitze!

VEGGIE

10 Min.

HOBBY

FÜR 4 PERSONEN

- 1/2 Spitzkohl
- 600 g Süßkartoffeln
- Salz, Zucker, Pfeffer
- Milch (ein Schuss)
- 300 g Nudelteig (Rezept Seite 25)
- 60 g Butter
- 50 g Semmelbrösel
- 50 g Parmesan
- Holzspieße

EINKAUFS-LISTE

1 Den Spitzkohl schneiden, mit Salz und Zucker aktivieren (Seite 215) und mit Pfeffer würzen.

2 In der Zwischenzeit die Süßkartoffeln schälen, mit Salz und Zucker aktivieren und weichkochen. Dann Milch dazugeben und alles pürieren.

3 Den Nudelteig mit der Nudelmaschine ausrollen und in circa 5 cm breite Streifen schneiden. Die frischen Pappardelle kochen (Seite 17/18).

4 Butter schmelzen und die Semmelbrösel hinzugeben. Die Semmelschmelze auf der Pappardelle verteilen. Mit Parmesan bestreuen, zusammenrollen und mit Holzspießen feststecken.

5 Den Spitzkohl anbraten und zusammen mit dem Püree und der Pappardelle anrichten.

TIPP ***Dieses Gericht lässt sich hervorragend variieren. Die Süßkartoffeln können auch durch Sellerie, Schwarzwurzeln, Erbsen oder Karotten ersetzt werden.***

GEMÜSE-Nudel-Quiche

FÜR 4 PERSONEN

100 g Orecchiette
100 g Champignons
100 g Kirschtomaten
100 g Erbsen
100 g Spinat
50 g Möhren
50 g Thai-Spargel
1 Zwiebel
Olivenöl
Basilikum
Salz, Zucker, Pfeffer
1 Rolle Blätterteig (Kühlregal)
Etwas Mehl
Butter
5 Eier
200 ml Sahne
100 g Gouda
Muskat

EINKAUFS-LISTE

45 Min.

HOBBY

Nudeln sind auch in der französischen Küche angekommen. Zu dieser Nudelvariante können wir nur sagen: Oui, c'est bon! Die Quiche kann mit unterschiedlichstem Gemüse variiert werden.

1 Nudeln kochen (Seite 17/18). In der Zwischenzeit Pilze, Tomaten, Möhren, Zwiebel und Spargel in kleine Würfel schneiden und mit Salz und Zucker aktivieren (Seite 215). Alles in einer Pfanne mit etwas Olivenöl kurz anschwitzen.

2 Das Basilikum hacken und zusammen mit den gekochten Nudeln zum angeschwitzten Gemüse dazugeben und mit Pfeffer würzen.

3 Eine Form mit Butter einfetten, mit etwas Mehl bestäuben und mit dem Blätterteig auslegen.

4 Eier und Sahne mixen und mit Salz, Pfeffer und Muskat leicht würzen. 2/3 der Sahne-Ei-Mischung über die Nudel-Gemüse-Masse geben und gut vermengen. Die Masse auf den Blätterteig geben, gut andrücken und mit der restlichen Sahne-Ei-Mischung übergießen.

5 Die Quiche mit Gouda bestreuen und bei 200 °C Umluft für circa 30 Minuten im Backofen backen.

STEFANS VIDEO-TIPP:
Schmackhaft kochen

Nudelsalat mit Paprika und Limetten

FÜR 4 PERSONEN

300 g Orecchiette (Öhrchennudeln)
2 Schalotten (lang)
1 rote Paprika
1 gelbe Paprika
1 Zucchini
Salz, Pfeffer, Zucker
1 unbehandelte Limette
2 EL Kräuterschmand*
1/2 Bund Basilikum
60 ml Milch
1 Zweig Thymian
1 Zweig Rosmarin
2 Knoblauchzehen
50 ml Olivenöl

VEGGIE

25 Min.

EASY

***KRÄUTERSCHMAND**

200 ml Schmand
4 EL Olivenöl
Geschnittene Kräuter (Basilikum, Blattpetersilie, Dill, Schnittlauch, Minze)
1/2 unbehandelte Orange, Saft und Abrieb
Salz, Pfeffer, Zucker

(Ergibt 350 ml Sauce. Zubereitung siehe Seite 35)

EINKAUFSLISTE

Nudelsalat mal anders: in einer frischen Variante mit fruchtiger Limette. So kreiert man fix eine leichte Alternative zum Mayo-Klassiker.

1 Nudeln kochen (Seite 17/18). In der Zwischenzeit die Schalotten fein schneiden und das Gemüse in Streifen schneiden. Mit Salz und Zucker aktivieren (Seite 215) und im Anschluss mit Pfeffer würzen.

2 Die Limette in dünne Scheiben schneiden.

3 Alle Zutaten für den Kräuterschmand in einem Gefäß vermischen, zusammen mit Basilikum und Milch mit einem Handmixer cremig schlagen. Die Nudeln damit marinieren.

4 Das Gemüse mit Kräutern, Knoblauch und Limetten in Olivenöl braten und würzen. Auf dem Nudelsalat anrichten.

TIPP ***Den Strunk der Paprika eindrücken und herausziehen. So lassen sich die Kerne kinderleicht herausklopfen.***

La Lime

Nudel-Gemüse-Blech mit Käsemosaik

Alles ist erlaubt: Man kann auch gerne die Reste vom Vortag unter dem Käsemosaik verstecken.

FÜR 4 PERSONEN

1 kg Nudeln nach Belieben
1 kg Gemüse nach Belieben
Salz, Pfeffer, Zucker
500 ml rote Tomatensauce 1*
15 Scheibletten Gouda-Käse
15 Scheibletten Chester-Käse

***ROTE TOMATENSAUCE 1**

500 g sehr reife Tomaten
1 EL Zucker
1/2 EL Salz
1/2 Chili (je nach Schärfe)
5 EL Olivenöl

(Ergibt 500 ml Sauce. Zubereitung siehe Seite 33)

EINKAUFS-LISTE

1 Die Nudeln kochen (Seite 17/18). In der Zwischenzeit das Gemüse klein schneiden und mit Salz, Pfeffer und Zucker würzen. Alles in einer Pfanne kurz anbraten.

2 Dann die gekochten Nudeln und die rote Tomatensauce dazugeben, alles gut durchmischen und auf einem eingefetteten Backblech verteilen.

3 Für circa 20 Minuten bei 180 °C Umluft in den Backofen schieben. Anschließend den Käse als Schachbrettmuster auf das heiße Nudel-Gemüse legen.

SPIRELLI
mit Brokkoli *und* Zuckerschoten

Alles im grünen Bereich. Nudeln mit knackigem Brokkoli und Zuckerschoten werden in einer Dose serviert. Ein toller Hingucker für Kinderpartys.

FÜR 4 PERSONEN

200 g Spirelli-Nudeln
150 g Lauch
150 g Zuckerschoten
1 Brokkoli
Salz, Pfeffer, Zucker
1 EL Butter
2 EL Wasser
1 Becher Schmand
500 ml rote Tomatensauce 2*

***ROTE TOMATENSAUCE 2**

3 Zwiebeln
100 g Karotten
100 g Sellerie
1–2 EL Olivenöl
1700 g Tomaten aus der Dose (Abtropfgewicht)
Salz, Pfeffer, Zucker
1 EL gehackter Thymian und Rosmarin
1 unbehandelte Zitrone

(Ergibt 1500 ml Sauce. Zubereitung siehe Seite 33)

EINKAUFS-LISTE

1 Die Spirelli kochen (Seite 17/18). In der Zwischenzeit das Gemüse klein schneiden, aktivieren (Seite 215) und mit Pfeffer würzen.

2 Das geschnittene und gewürzte Gemüse in eine Pfanne mit Butter geben. 2 EL Wasser hinzufügen und zugedeckt für 3 Minuten kochen lassen. Im Anschluss die Nudeln dazugeben und den Schmand unterrühren.

3 Rote Tomatensauce erhitzen und nach Belieben servieren.

Fleisch

Spaghetti BOLOGNESE

Traditionell und leicht zubereitet: Der Klassiker Spaghetti mit Hackfleischsauce darf bei Nudelliebhabern auf der Speisekarte nicht fehlen.

1 Zwiebel, Karotten und den Knollensellerie schälen, würfeln und würzen. Zusammen in Olivenöl anschwitzen, das Hackfleisch mit Salz und Pfeffer würzen und dazugeben.

2 Alles für circa 10 Minuten garen, dann die Tomatensauce dazugeben und mit Salz, Pfeffer und Zucker abschmecken.

3 Die Sauce für circa 40 Minuten köcheln lassen und ab und zu umrühren.

4 Nach 30 Minuten das Nudelwasser aufsetzen und die Spaghetti kochen (Seite 17/18).

5 Dann die Kräuter und den Abrieb der Zitrone zur Bolognese-Sauce dazugeben, nochmals abschmecken und servieren.

FÜR 4 PERSONEN

1 Zwiebel
100 g Karotten
100 g Knollensellerie
100 ml Olivenöl
400 g gemischtes Hackfleisch
500 ml rote Tomatensauce 2*
Salz, Pfeffer, Zucker
300 g Spaghetti
1 EL gehackte Kräuter
(Thymian, Rosmarin etc.)
1 unbehandelte Zitrone

***ROTE TOMATENSAUCE 2**

3 Zwiebeln
100 g Karotten
100 g Sellerie
1–2 EL Olivenöl
1700 g Tomaten aus der Dose
(Abtropfgewicht)
Salz, Pfeffer, Zucker
1 EL Thymian und Rosmarin
1 unbehandelte Zitrone

(Ergibt 1500 ml Sauce. Zubereitung siehe Seite 33)

EINKAUFS-
LISTE

30 Min.

EASY

Mafaldine mit SALSICCIA

Märchenhafte Pasta: Der kunstvoll geformte Nudelteig der Mafaldine ähnelt dem wellenförmigen Saum der Kleidung einer Königin. Ein royales Gericht mit feiner Würze.

FÜR 4 PERSONEN

500 g Mafaldine
400 g Salsiccia
(italienische Wurst)
2 Zwiebeln
Pflanzenöl
Olivenöl
200 ml rote Tomatensauce 2*
1/4 Bund glatte Petersilie
1 Chili
Salz, Pfeffer, Zucker

***ROTE TOMATENSAUCE 2**

3 Zwiebeln
100 g Karotten
100 g Sellerie
1–2 EL Olivenöl
1700 g Tomaten aus der Dose
(Abtropfgewicht)
Salz, Pfeffer, Zucker
1 EL Thymian und Rosmarin
1 unbehandelte Zitrone

(Ergibt 1500 ml Sauce.
Zubereitung siehe Seite 33)

EINKAUFS-
LISTE

1 Nudeln kochen (Seite 17/18). Die Wurst pellen und klein schneiden. Die Zwiebeln fein hacken und zusammen mit der Wurst in Pflanzenöl scharf anbraten.

2 Mit der Tomatensauce ablöschen, Petersilie und Chili hinzugeben.

3 Zum Schluss die Nudeln hinzufügen und alles schwenken. Mit Salz, Pfeffer und Zucker abschmecken und vor dem Servieren mit einem Schuss Olivenöl verfeinern.

45 Min.

HOBBY

FÜR 4 PERSONEN

20–25 Lasagneblätter

50 g Butter

600 g Bolognese (Seite 117)

200 ml Béchamel-Sauce*

Reibe- oder Gratinkäse

***BÉCHAMEL-SAUCE**

60 g Butter

40 g Mehl

1/4 l Milch

Salz, Pfeffer, Zucker

1 Prise Muskatnuss

EINKAUFS-LISTE

1 Für die Béchamel-Sauce Butter in einem Topf schmelzen und Mehl mit dem Schneebesen einrühren und darin anschwitzen. Kalte Milch langsam dazugeben und immer gut umrühren, bis sich eine glatte Sauce ergibt. Mit Salz, Pfeffer, Zucker und Muskatnuss würzen. Unter ständigem Rühren 8 Minuten kochen lassen.

2 Eine Auflaufform einfetten und schichtweise mit Nudelblättern, Bolognese-Sauce und Béchamel-Sauce befüllen. Zum Schluss mit Käse bestreuen und bei 200 °C Umluft für circa 20 Minuten backen, bis die Lasagne goldbraun ist.

TIPP *Die Zutaten und Anleitung für frisch zubereitete Lasagneblätter sind auf Seite 25 zu finden.*

Lasagne

Schichtarbeit: Klassisch und allseits beliebt – die Lasagne. Mit Käse überbacken – zum Dahinschmelzen.

FÜR 4 PERSONEN

30 Conchiglioni
(Muschelnudeln)
1 kleine Zwiebel
180 g Hackfleisch
(Rind oder gemischt)
Pflanzenöl
Salz, Pfeffer, Zucker
125 ml rote Tomatensauce 1*
Frischer Oregano
1 Zucchini
80 g Mozzarella
1/2 unbehandelte Zitrone
2 EL Olivenöl
Parmesan

***ROTE TOMATENSAUCE 1**

500 g sehr reife Tomaten
1 EL Zucker
1/2 EL Salz
1/2 Chili (je nach Schärfe)
5 EL Olivenöl

(Ergibt 500 ml Sauce. *Zubereitung siehe Seite 33)*

EINKAUFS-
LISTE

Gefüllte Nudel-Muscheln mit Hackfleisch

Eine Leckerei aus Fleisch und Zucchinigemüse. Mit prallen Muschelnudeln geht es auf kulinarische Geschmacksreise.

60 Min.

HOBBY

1 Muschelnudeln kochen (Seite 17/18). Für die Hackfleischfüllung die Zwiebel würfeln und mit dem Hackfleisch in Pflanzenöl anbraten, dabei mit Salz, Pfeffer und Zucker würzen. 2 EL rote Tomatensauce und einen Teil des frisch gehackten Oregano dazugeben.

2 Zucchini grob raspeln und würzen, danach in Küchenkrepp auspressen. Mozzarella würfeln und gemeinsam mit Olivenöl, Zitronenabrieb und etwas Zitronensaft mit den Zucchiniraspeln vermengen.

3 Im Anschluss die eine Hälfte der Muschelnudeln mit Hackfleisch und die andere Hälfte mit Zucchini füllen.

4 Den Rest der Tomatensauce mit dem übrigen Oregano abschmecken und in eine Auflaufform geben. Die gefüllten Muscheln auf die Sauce geben.

5 Dann das Ganze mit Parmesan bestreuen und für 10–12 Minuten bei 180 °C Umluft in den Backofen geben.

20 Min.

EASY

Kraut-fleckerl

Pasta mal fetzig: Hier wird Kreativität ausgelebt. Die Zutaten einfach frei Hand zerteilen und rustikal auf dem Teller dekorieren.

FÜR 4 PERSONEN

- 300 g Kohl
- 40 g Butter
- Salz, Zucker
- 300 g Lasagneblätter
- 200 g Schinken
- 2–3 EL Gemüsebrühe
- Petersilie
- Kümmel nach Geschmack
- Parmesan

EINKAUFS-LISTE

1 Die Lasagneblätter in unregelmäßige Stücke brechen und kochen (Seite 17/18). In der Zwischenzeit den Kohl waschen, in mundgerechte Stücke teilen, mit Salz und Zucker würzen und in Butter andünsten. Den Schinken grob auseinanderpflücken.

2 Die gekochten Lasagneblätter und den Schinken zum Kohl hinzufügen, kurz erhitzen und mit 2–3 EL Gemüsebrühe ablöschen und abschmecken.

3 Am Schluss noch Petersilie und Kümmel nach Geschmack hinzugeben und mit geriebenem Parmesan anrichten.

Brotnudeln im PARMESAN-KORB

40 Min.

EASY

Zweite Chance für altes Brot: Knusprig geröstetes Brot trifft auf zarte Pasta.

FÜR 4 PERSONEN

80 ml Olivenöl

240 g geriebener Parmesan

200 g altes Weißbrot

1 Zweig Rosmarin

1 Knoblauchzehe

2 Tomaten

200 g Nudeln, Sorte beliebig

1 kleine rote Zwiebel

100 g italienische Salami

1 Handvoll Basilikum

Salz, Pfeffer, Zucker

40 ml weißer Balsamico

EINKAUFS-LISTE

1 60 g geriebenen Parmesan in eine Pfanne streuen. Erhitzen, bis er zerlaufen und leicht goldgelb ist. Etwas abkühlen lassen und vorsichtig herausnehmen, über eine Schüssel legen und hart werden lassen. Das ganze 3 Mal wiederholen.

2 Das Weißbrot in etwa 1 cm dicke Scheiben schneiden und in einer Pfanne mit etwas Öl goldgelb rösten. Die Knoblauchzehe anschlagen (Seite 215) und zusammen mit dem Rosmarinzweig zu dem Brot in die Pfanne geben.

3 Das geröstete Brot von Rosmarin und Knoblauch trennen und in eine Schüssel geben.

4 Nudeln kochen (Seite 17/18). Die rote Zwiebel in Ringe schneiden, die Salami und das Basilikum zerpflücken und gemeinsam mit den gekochten Nudeln zu dem Brot geben. Alles nach Belieben salzen, pfeffern, zuckern, mit weißem Balsamico und Olivenöl abschmecken und durchschwenken. Im Parmesankorb anrichten.

STEFANS VIDEO-TIPP:

Knoblauch

SPECIALE

CHAOS-BLECH mit Hendl-Haxn

Keinen Überblick mehr? Alles, was bald weg muss, kommt jetzt auf den Tisch. Kreatives Chaos mal anders.

FÜR 4 PERSONEN

250 g gemischtes Gemüse
Salz, Pfeffer, Paprikapulver
80 ml Olivenöl
Rosmarin, Thymian
1 Knoblauchzehe
10–12 Hendl-Haxn
300 g gekochte Nudeln vom Vortag
500 ml rote Tomatensauce 1*
Petersilie
Zucker

***ROTE TOMATENSAUCE 1**

500 g sehr reife Tomaten
1 EL Zucker
1/2 EL Salz
1/2 Chili (je nach Schärfe)
5 EL Olivenöl

(Ergibt 500 ml Sauce. Zubereitung siehe Seite 33)

EINKAUFS-LISTE

1 Gemüse grob zerschneiden und mit Salz und Zucker aktivieren (Seite 215). Im Anschluss mit Pfeffer würzen und auf einem Backblech verteilen.

2 Mit Öl beträufeln, Kräuter darüberstreuen und eine leicht gequetschte Knoblauchzehe dazugeben.

3 Hähnchen mit Salz, Pfeffer und Paprikapulver würzen und in dem Gemüsechaos verteilen. Die Nudeln hinzufügen.

4 Rote Tomatensauce darübergeben und bei 160 °C Umluft für circa 30 Minuten in den Backofen schieben. Vor dem Servieren mit Petersilie bestreuen. Wer es knuspriger mag, kurz auf Oberhitze umstellen.

60 Min.

EASY

Fein säuberlich reihen sich die kleinen Keulen ...

... um sogleich im Chaos zu versinken ...

... ein äußerst leckeres Durcheinander!

Gefüllte AUBERGINE

Tagliolini mit Hähnchen und Gemüse werden hier in ausgehöhlte Auberginen gefüllt.

60 Min.

HOBBY

1 Die Auberginen halbieren, Fleisch der Aubergine kreuzförmig einschneiden, leicht salzen, pfeffern und mit Olivenöl beträufeln. Dann bei 160 °C Umluft für 30 Minuten in den Ofen geben.

2 Anschließend das Fleisch aus der Schale löffeln und mit einem Messer zerhacken. Mit Salz, Pfeffer, Zucker, Parmesan, Zitronensaft und -abrieb abschmecken.

3 Das Hähnchen in kleine Würfel und den Brokkoli in kleine Röschen schneiden und mit Salz, Pfeffer und Zucker in Pflanzenöl kross anbraten und zum Schluss etwas Butter zugeben.

FÜR 4 PERSONEN

4 Auberginen

Salz, Pfeffer, Zucker

Olivenöl

50 g Parmesan

1/2 unbehandelte Zitrone

2 Hähnchenschenkel

1 Brokkoli

Pflanzenöl

20 g Butter

200 g Tagliolini

EINKAUFS-
LISTE

4 In der Zwischenzeit die Tagliolini kochen (Seite 17/18).

5 Pasta, Auberginenmasse, Hähnchen und Brokkoli miteinander vermengen, in die Auberginen-Schalen füllen, mit Parmesan bestreuen und 5 Minuten im Ofen überbacken.

30 Min.

HOBBY

Nudelcurry mit chinesischen EIERNUDELN

Eine multikulturelle Komposition: asiatische Nudeln, indisches Curry und deutscher Spargel. Klingt einladend!

1 Die Eiernudeln in heißem, nicht kochendem Wasser 15 Minuten ziehen lassen.

2 Die Zwiebel klein hacken und in Butter anschwitzen. Das Gemüse klein schneiden, mit Salz, Pfeffer und Zucker würzen und mit 2–3 EL Wasser zu den Zwiebeln geben. Alles für 2 Minuten dünsten.

3 Die Schweinefilets klein schneiden und mit Salz würzen und 3 Minuten in Sesamöl braten. Das Currypulver, die Kokosmilch und die kleingeschnittene Mango dazugeben. Mit Sojasauce abschmecken und anrichten.

FÜR 4 PERSONEN

200 g chinesische Eiernudeln
1 Zwiebel
Butter zum Braten
1 Karotte
2 Lauchzwiebeln
4 Stangen Spargel
100 g Brokkoli
200 g Schweinefilet
Salz, Pfeffer, Zucker
Sesamöl
Currypulver
250 ml Kokosmilch
1 Mango
1–2 EL Sojasauce

EINKAUFS-LISTE

Tagliatelle CARBONARA

30 Min.

HOBBY

FÜR 4 PERSONEN

300 g frische Tagliatelle (Seite 22)
100 g roher Schinken
4 Schalotten
Pflanzenöl
6 Eigelb
50–80 g Parmesan
Salz, Pfeffer
200 ml Geflügelfond
Schnittlauch

EINKAUFS-
LISTE

Das Original aus Schinken, Ei und feinem Parmesan ist ein weiterer Klassiker der italienischen Pasta-Küche.

1 Die Tagliatelle kochen (Seite 17/18).

2 Den Schinken und die Schalotten würfeln und in Pflanzenöl knusprig braten.

3 Die Hälfte des Schinkens und der Zwiebeln zu 2 Eigelb geben, mit dem Parmesan vermengen und alles unter die heißen Nudeln rühren. Mit Salz und Pfeffer würzen.

4 Den übrigen Schinken und die Zwiebeln im Geflügelfond für 5 Minuten köcheln lassen.

5 Den Fond mit Schinken und Zwiebeln mixen und passieren. Anschließend zusammen mit den 4 Eigelb in einem Wasserbad zu einer Zabaione schlagen.

6 Die Nudeln mit Schnittlauch garnieren und die Zabaione als Topping servieren.

FÜR 4 PERSONEN

1 Zwiebel

2 Knoblauchzehen

1 getrocknete Chili

100 ml Olivenöl

600 g Hackfleisch, gemischt

Salz, Pfeffer, Zucker

500 ml rote Tomatensauce 2*

100 g Kidney-Bohnen

50 g Mais aus der Dose

10 Kirschtomaten

1 EL gehackte Kräuter

300 g Makkaroni

60 g Parmesan

***ROTE TOMATENSAUCE 2**

3 Zwiebeln

100 g Karotten

100 g Sellerie

1–2 EL Olivenöl

1700 g Tomaten aus der Dose (Abtropfgewicht)

Salz, Pfeffer, Zucker

1 EL Thymian und Rosmarin

1 unbehandelte Zitrone

(Ergibt 1500 ml Sauce. *Zubereitung siehe Seite 33)*

EINKAUFS-LISTE

CHILI con CARNE mit Makkaroni

Den Gästen mal mächtig einheizen? Das geht. Mit feurigem Chili und einer pikanten Hackfleischsauce.

1 Zwiebeln und Knoblauch schälen und fein hacken. Zusammen mit der Chilischote in Öl anschwitzen.

2 Dann das Hackfleisch dazugeben und mit Salz, Pfeffer und Zucker würzen und alles zusammen für 10 Minuten garen.

3 Die rote Tomatensauce 2, die Bohnen und den Mais hinzugeben und alles für 40 Minuten köcheln lassen.

4 In der Zwischenzeit die Makkaroni kochen (Seite 17/18). Die Chilischote aus der Sauce herausnehmen. Die Kirschtomaten vierteln und mit den gehackten Kräutern hinzufügen und nochmals abschmecken.

5 Die Nudeln als Beilage zum Chili auf einem Teller servieren, geriebenen Parmesan darüberstreuen und genießen.

STEFANS VIDEO-TIPP:
Tomatensauce auf Vorrat

Asia-Reisnudeln mit chinesischen Hackbällchen

Wir holen die asiatische Küche nach Deutschland. Von dieser Nudelvariante mit Hackbällchen sind wir mehr als überzeugt.

35 Min.

HOBBY

FÜR 4 PERSONEN

300 g Reisnudeln

500 g Hackfleisch (gemischt oder Rind)

1 TL Tom-Yum-Paste

Pflanzenöl

Salz, Pfeffer, Zucker

Etwas Koriander

1 Chilischote

1 EL Sesam

400 g Schnippelbohnen

1 Tomate

4 EL Sojasauce hell

1 EL Austernsauce

1 EL Sesamöl, geröstet

1 Limette

EINKAUFS-LISTE

1. Die Reisnudeln für 30 Minuten in kaltem Wasser quellen lassen.

2. Parallel das Hackfleisch mit Tom-Yum-Paste, Salz, Pfeffer, Zucker, Koriander und Chili würzen, zu Bällchen formen und in der Pfanne in Pflanzenöl anbraten. Sesam dazugeben und durchschwenken.

3. Bohnen der Länge nach schneiden und mit Salz und Zucker würzen, die Tomate würfeln. Bohnen und Tomaten in etwas Pflanzenöl in einer zweiten Pfanne 3 Minuten dünsten.

4. Die Reisnudeln für 1 Minute zu den Bohnen geben. Sojasauce, Austernsauce, Sesamöl und Koriander dazugeben und durchschwenken.

5. Alles zusammen anrichten und vor dem Servieren mit dem Saft einer Limette beträufeln.

TIPP

Das exotische Thai-Pesto (Seite 34) passt perfekt dazu.

Mit Feingefühl: Tortelloni selber zu machen bedarf ordentlicher Handarbeit. Und das Verständnis, wie man Nudeln richtig um den Finger wickelt.

FÜR 4 PERSONEN

Tortelloni mit Ricottafüllung (Seite 27)
125 ml rote Tomatensauce 1*
1 Handvoll Basilikum
Salz, Pfeffer

TORTELLONI-TEIG

500 g Mehl
5 Eier
Salz
1 EL Kräuterbutter
1 Eigelb

***ROTE TOMATENSAUCE 1**

500 g sehr reife Tomaten
1 EL Zucker
1/2 EL Salz
1/2 Chili (je nach Schärfe)
5 EL Olivenöl

(Ergibt 500 ml Sauce.
Zubereitung siehe Seite 33)

EINKAUFS-LISTE

Tortelloni mit TOMATE-BASILIKUM

50 Min.

PROFI

1 Zutaten für den Tortelloni-Teig, bis auf 1 Eigelb, vermengen und gut durchkneten. Den Teig in Klarsichtfolie einpacken und für mindestens 1 Stunde im Kühlschrank ruhen lassen. Danach so lange durch die Nudelmaschine drehen, bis er dünn genug ist. Dann die Teigplatten in kleine Quadrate schneiden. In der Zwischenzeit die Ricotta-Füllung zubereiten.

2 Eigelb-Wassergemisch, im Verhältnis 1:1, mit dem Pinsel auf zwei Teigkanten streichen, dann einen Klecks Füllung mitten auf das Nudel-Quadrat geben. Die Teigkanten zu einem Dreieck legen und gut andrücken. Die Spitzen leicht umklappen, um den Finger wickeln und ebenfalls zusammendrücken.

3 Die frischen Tortelloni kochen (Seite 17/18). Währenddessen die Tomatensauce aufkochen und das grob gehackte Basilikum dazugeben.

4 Zum Schluss die gekochten Nudeln zu der Tomatensauce fügen und durchschwenken.

Asiatische Reisnudeln mit SCHWEINEFILET

FÜR 4 PERSONEN

300 g Reisnudeln
1 Karotte
4 Lauchzwiebeln
Salz, Zucker
400 g Schweinefilet
Pfeffer
Pflanzenöl
4 EL helle Sojasauce
2 EL Austernsauce
2 EL Sesamöl
50 g ganze Mandeln ohne Schale
1 kleines Bund Koriander
1 unbehandelte Limette

EINKAUFS-
LISTE

1 Reisnudeln 1/2 Stunde in kaltes Wasser legen.

2 Währenddessen die Karotte und die Lauchzwiebeln klein schneiden und mit Salz und Zucker aktivieren (Seite 215).

3 Schweinefilet in 1 cm dicke Scheiben schneiden und mit Salz, Pfeffer und Zucker würzen.

4 Gemüse und Filet zusammen in die Pfanne geben. Mit Pflanzenöl circa 1-2 Minuten anbraten, bis das Filet leicht rosa ist.

5 Reisnudeln auf Gemüse und Filet geben. Circa 1 Minute durchschwenken, bis sie weich werden.

6 Mit Sojasauce, Austernsauce und Sesamöl würzen, Mandeln und Koriander hinzugeben. Mit Limettenabrieb und -saft abschmecken.

30 Min.

HOBBY

*Kochen wie in China:
ein kulinarischer Exkurs,
der nicht nur Abwechslung
in die Küche bringt, sondern
sich auch geschmacklich lohnt.*

HÜHNER-frikassee

Der Klassiker aus Hühnerbrust, Spargel, weißer Sauce und Erbsen mal anders serviert: in einer Tomate auf einem Nudelbett.

Die weiße Tomatensauce muss bereits am Tag zuvor vorbereitet werden.

FÜR 4 PERSONEN

400 g Hühnerbrust ohne Haut und Knochen
Salz, Pfeffer, Zucker
1 Prise Muskatnuss
4 Ochsenherztomaten
100 g Spargel aus dem Glas
300 ml weiße Tomatensauce*
300 g geriffelte Tagliatelle
100 g Erbsen

***WEISSE TOMATENSAUCE**

1 Zwiebel
50 g Butter
250 ml weißer Tomatensaft**
1 Prise Cayennepfeffer
Salz, Zucker
150 ml Sahne

(Ergibt 500 ml Sauce. Zubereitung siehe Seite 32)

****WEISSER TOMATENSAFT**

1 kg reife Tomaten
1 gehäufter EL Salz
1 gehäufter EL Zucker
Pfeffer
3 Basilikumblätter
1 kleiner Zweig Thymian (nur die Blätter)
1 kleine Knoblauchzehe

(Ergibt 400 ml Sauce. Zubereitung siehe Seite 32)

1 Hühnerbrust in Würfel schneiden und mit Salz, Pfeffer, Zucker und Muskat würzen. 2 Minuten ziehen lassen.

2 Tomate aushöhlen, salzen und pfeffern. Für 10 Minuten bei 180 °C Umluft in den Ofen schieben.

3 Spargel in Stifte schneiden, salzen und zuckern.

4 Weiße Tomatensauce aufkochen. Spargel und Hühnerbrust hineingeben. 5 Minuten auf kleiner Flamme ziehen lassen.

5 In der Zwischenzeit die Nudeln kochen (Seite 17/18).

6 Erbsen zu der Tomatensauce geben und nochmals abschmecken. Dann in die gegrillte Tomate füllen. Mit gekochten Tagliatelle servieren.

TIPP ***Frische Erbsen sollten etwa 5 Minuten vorgekocht werden. Tiefgekühlte Erbsen kurz vor dem Servieren dazugeben.***

EINKAUFS-LISTE

20 Min.

EASY

Dieses Rezept braucht nicht viele Zutaten. Pasta, Schinken, frische Kräuter, fertig. Es ist einfach in der Zubereitung und lecker im Geschmack.

Schinken-Nudeln

FÜR 4 PERSONEN

- 200 g Farfalle
- 2 Lauchzwiebeln
- 100 g Kochschinken
- 50 g Butter
- Salz, Pfeffer
- Muskat
- 3 Eier
- Gartenkräuter

EINKAUFS-LISTE

1. Farfalle kochen (Seite 17/18). In der Zwischenzeit die Lauchzwiebeln klein schneiden und mit Schinken in der Butter anschwitzen, dann die gekochten Nudeln dazugeben und mit Salz, Pfeffer und Muskat würzen.
2. Die Eier aufschlagen, zu der Nudel-Schinken-Mischung geben und alles vermengen und nochmals würzen.
3. Fertig braten und vor dem Servieren mit verschiedenen Gartenkräutern garnieren.

Schinken-Risoni mit SPIEGELEI

Eine runde Sache: Nudeln werden zu „Reis-Zwecken" verarbeitet und ergeben Schinken-Risoni. Das Spiegelei krönt das Gericht.

FÜR 4 PERSONEN

300 g Risoni (Reisnudeln)
80 g roher Schinken
1 rote Zwiebel
Pflanzenöl
200 ml Sahne
4 Lauchzwiebeln
Salz, Pfeffer, Zucker
4 EL rote Tomatensauce 1*
4 Eier

***ROTE TOMATENSAUCE 1**

500 g sehr reife Tomaten
1 EL Zucker
1/2 EL Salz
1/2 Chili (je nach Schärfe)
5 EL Olivenöl

(Ergibt 500 ml Sauce. Zubereitung siehe Seite 33)

EINKAUFS-LISTE

1 Die Risoni kochen (Seite 17/18). In der Zwischenzeit den Schinken und die Zwiebel klein schneiden und in Pflanzenöl anbraten. Anschließend mit Sahne ablöschen.

2 Lauchzwiebeln klein schneiden. Dann die gekochten Risoni plus Lauchzwiebeln zu der Schinken-Zwiebel-Sahne-Sauce dazugeben und mit Salz, Pfeffer und Zucker würzen.

3 Die rote Tomatensauce erwärmen, Spiegeleier braten und in der Zwischenzeit die Risoni-Masse in eine nasse Tasse geben und auf den Teller stürzen.

4 Die fertigen Spiegeleier obendrauf platzieren und mit warmer Tomatensauce anrichten.

30 Min.

HOBBY

CANNELLONI

Die gefüllten Nudelrollen sind aus der Pasta-Küche nicht mehr wegzudenken. Mit Käse überbacken werden sie schön knusprig und sind eine schmackhafte Alternative zur Lasagne.

60 Min.

HOBBY

1 Hackfleisch mit Salz, Pfeffer und Zucker würzen, Basilikum fein hacken und zusammen mit dem Rosmarin und Thymian zur Hackmasse geben und alles vermengen.

2 Die Füllung auf die Nudelblätter geben. Ein halbes Eigelb und die gleiche Menge Wasser vermischen und die Kanten der Nudelblätter damit bestreichen und zusammenrollen.

3 Die Nudelrollen in eine gebutterte Auflaufform legen und mit der roten Tomatensauce 2 aufgießen. Dann mit dem Käse bestreuen und bei 200 °C Umluft im Backofen für 30 Minuten backen.

FÜR 4 PERSONEN

500 g Hackfleisch
(gemischt oder Rind)
Salz, Pfeffer, Zucker
1/4 Bund Basilikum
1/2 TL gehackter Rosmarin
1/2 TL gehackter Thymian
Nudelteig (Seite 25)
1 Ei
Butter
250 ml rote Tomatensauce 2*
140 g geriebener Käse

***ROTE TOMATENSAUCE 2**

3 Zwiebeln
100 g Karotten
100 g Sellerie
1–2 EL Olivenöl
1700 g Tomaten aus der Dose
(Abtropfgewicht)
Salz, Pfeffer, Zucker
1 EL Thymian und Rosmarin
1 unbehandelte Zitrone

(Ergibt 1500 ml Sauce.
Zubereitung siehe Seite 33)

EINKAUFS-
LISTE

Rinderfilet mit rotem PESTO-GEMÜSE

30 Min.

PROFI

Zartes Filet auf Gemüse gebettet und mit Glasnudeln verziert. Nicht nur hübsch in der Optik, sondern auch umwerfend im Geschmack.

FÜR 4 PERSONEN

200 g Glasnudeln
80 g Penne
240 g Rinderfilet
Salz, Pfeffer, Zucker
5 Stangen Spargel
2 Karotten
3 Lauchzwiebeln
50 g Butter
3 EL rotes Pesto*
Öl zum Frittieren
Gemischte Kräuter

***ROTES PESTO**

100 ml Olivenöl
300 g getrocknete Tomaten in Öl
80 g Parmesan
50 g gehackte Mandeln
1 TL Thymian und Rosmarin
Salz, Pfeffer, Zucker

(Ergibt 500 ml Pesto. Zubereitung siehe Seite 36)

1 Rohe Glasnudeln circa 20 Minuten in kaltem Waser einlegen. Penne kochen (Seite 17/18). Rinderfilet in 12 Würfel à 20 g schneiden, mit Salz, Pfeffer und Zucker würzen. Die nun eingeweichten rohen Glasnudeln um die Rinderfiletstücke wickeln.

2 Spargel und Karotten schälen und in Stücke schneiden. Lauchzwiebeln in Scheiben schneiden.

3 Gemüse salzen, pfeffern, zuckern, mit Butter in der Pfanne glasieren und mit etwas Nudelwasser ablöschen. Pesto und Penne dazugeben.

4 Die Rinderfiletwürfel in heißem Öl für etwa 30 Sekunden ausbacken.

5 Nudeln, Gemüse, Kräuter und Pesto vermengen, das gebackene Filet auf einem Sockel servieren.

EINKAUFS-LISTE

1 Hühnerbrüste in Streifen schneiden und mit Sojasauce marinieren. In der Zwischenzeit die Glasnudeln 30 Minuten in kaltem Wasser einweichen.

2 Lauchzwiebeln und Paprika in feine Streifen schneiden und mit Salz und Zucker aktivieren (Seite 215). Chili und Koriander klein hacken.

3 Hühnerbrüste anbraten, aus der Pfanne nehmen und zur Seite stellen. Tomaten fein schneiden und mit 1 EL Honig in Sojasauce in der gleichen Pfanne aufkochen.

4 Glasnudeln hinzufügen, 1–2 Minuten köcheln lassen und in eine Schüssel füllen.

5 Sesam ohne Öl in einer Pfanne rösten und mit dem Sesamöl zu dem Hühnerfleisch geben.

6 Gemüse klein schneiden und gemeinsam mit der Hühnerbrust und den Sprossen zu den Nudeln geben. Chili und Koriander sowie den gerösteten Sesam hinzufügen. Gut vermischen. Mit Limettensaft verfeinern, nach Belieben würzen und salzen.

STEFANS VIDEO-TIPP:
Asia-Nudeln

Glasnudel-SALAT mit Hühnchen

Diese leichte asiatische Gaumenfreude passt zu jeder Gelegenheit.

90 Min.

EASY

FÜR 4 PERSONEN

3 Hühnerbrüste
Helle Sojasauce
500 g Glasnudeln
2 Lauchzwiebeln
1 rote Paprika
Salz, Zucker
1 kleine Chili
1/2 Bund Koriander
Pflanzenöl
2 Tomaten
1 EL Honig
1 EL Sesam
Sesamöl, geröstet
50 g Sprossen
2 Limetten

EINKAUFS-LISTE

Rinderfilet im NUDELBETT

FÜR 4 PERSONEN

400 g Nudelteig (Seite 25)
Verschiedene Blattkräuter (Basilikum, Kerbel, Petersilie, Thymian)
400 g Champignons
200 g Austernpilze
1 kleiner Blumenkohl
Salz, Pfeffer, Zucker
Pflanzenöl
1 EL Butter
Petersilie
8 EL Apfelsaft
250 ml Geflügelbrühe
400 g Rinderfilet
4 EL rote Tomatensauce 1*

***ROTE TOMATENSAUCE 1**

500 g sehr reife Tomaten
1 EL Zucker
1/2 EL Salz
1/2 Chili (je nach Schärfe)
5 EL Olivenöl

(Ergibt 500 ml Sauce. Zubereitung siehe Seite 33)

EINKAUFS-LISTE

Ob mit Rinderfilet oder anderem kurz gebratenem Fleisch, dieses optische Kunstwerk macht ordentlich Eindruck.

1 Nudelteig durch die Nudelmaschine drehen oder mit dem Nudelholz dünn ausrollen.

2 Die Hälfte der Bahn mit stiellosen Kräutern belegen. Die andere Hälfte darüberlegen, andrücken und noch mal durch die Maschine drehen oder mit dem Nudelholz noch dünner ausrollen. 1 Minute in Salzwasser kochen.

3 Pilze in Scheiben und Blumenkohl in kleine Röschen schneiden. Mit Salz, Pfeffer und Zucker würzen und in Pflanzenöl anbraten. Butter und Petersilie dazugeben. Mit Apfelsaft und Brühe ablöschen und einkochen lassen.

4 Rinderfilet in 1,5 cm dicke Scheiben schneiden und mit Salz und Pfeffer würzen. In etwas Pflanzenöl von beiden Seiten scharf anbraten.

5 Das Rinderfiletscheiben auf dem Nudelbett mit etwas warmer Tomatensauce anrichten.

10 Min.

PROFI

Frische Kräuter machen den Nudelteig besonders schmackhaft.

Gut behütet: Die Kräuter werden von dem Nudelteig bedeckt.

Die Nudelplatte samt Kräutern wird erneut durch die Maschine gejagt.

Fisch & MEERES-früchte

15 Min.

EASY

FÜR 4 PERSONEN

300 g Pappardelle

320 g Lachs

Salz, schwarzer Pfeffer, Zucker

Koriander aus der Mühle

Olivenöl

2 EL Schnittlauch

50 g Parmesan

125 ml rote Tomatensauce 1*

***ROTE TOMATENSAUCE 1**

500 g sehr reife Tomaten

1 EL Zucker

1/2 EL Salz

1/2 Chili (je nach Schärfe)

5 EL Olivenöl

(Ergibt 500 ml Sauce.
Zubereitung siehe Seite 33)

EINKAUFS-
LISTE

1 Pappardelle kochen (Seite 17/18). Den Lachs in circa 1 cm dicke Stücke schneiden, salzen, pfeffern und zuckern und ein wenig gemahlenen Koriander dazugeben.

Kuschel-LACHS

Auf Kuschelkurs: Bei diesem Gericht zeigen Pappardelle und Lachs, dass sie wunderbar zusammenpassen. Ein tolles Pfannengericht für die ganze Familie.

2 Tomatensauce in die Pfanne geben und aufkochen. Anschließend von der Herdplatte nehmen und den gewürzten Lachs draufsetzen.

3 Jetzt die noch heißen Nudeln auf den Lachs geben und den Lachs komplett bedecken. Mit etwas Olivenöl und Pfeffer aus der Mühle würzen.

4 Den Lachs zwischen Sauce und Nudeln circa 2 Minuten kochen lassen, Parmesan darüberreiben, mit Schnittlauch bestreuen und servieren.

Gurkennudeln mit KABELJAU

Gurkennudeln verstehen sich hervorragend mit frischem Kabeljau. Ein Muss für alle Fischliebhaber.

Die weiße Tomatensauce muss bereits am Tag zuvor vorbereitet werden.

30 Min.

EASY

1 Tagliatelle kochen (Seite 17/18). Die Gurken klein schneiden und aktivieren (Seite 215). Zusammen mit der weißen Tomatensauce in einen Topf geben. Die gekochten Tagliatelle dazugeben und durchschwenken.

2 Den Kabeljau mit Salz, Pfeffer, Zucker und gemahlenem Koriander würzen. Dann den Kabeljau dünn mit dem groben Senf bestreichen und die frisch gehackten Kräuter und die milde Peperoncini daraufgeben.

3 Den marinierten Fisch auf die Gurken-Nudel-Mischung setzen, Deckel darauf und aufkochen lassen.

4 Circa 3-6 Minuten ziehen lassen, je nach Dicke der Fischtranche.

TIPP ***Den Kabeljau sehr dünn mit Senf bestreichen, sonst wird er zu säuerlich.***

FÜR 4 PERSONEN

200 g Tagliatelle
2 Salatgurken
200 ml weiße Tomatensauce*
600 g Kabeljau
Salz, Pfeffer, Zucker
Koriander, gemahlen
2 EL grober Senf
Frische Kräuter (Dill, Schnittlauch, Petersilie, Basilikum)
1 milde Peperoncini

***WEISSE TOMATENSAUCE**

1 Zwiebel
50 g Butter
250 ml weißer Tomatensaft**
1 Prise Cayennepfeffer
Salz, Zucker
150 ml Sahne

(Ergibt 500 ml Sauce. Zubereitung siehe Seite 32)

****WEISSER TOMATENSAFT**

1 kg reife Tomaten
1 gehäufter EL Salz
1 gehäufter EL Zucker
Pfeffer
3 Basilikumblätter
1 kleiner Zweig Thymian (nur die Blätter)
1 kleine Knoblauchzehe

(Ergibt 400 ml Saft. Zubereitung siehe Seite 32)

EINKAUFS-LISTE

Gambas mit TAGLIOLINI IN PERGAMENT

FÜR 4 PERSONEN

- 200 g Tagliolini
- 12 Gambas
- Salz, Pfeffer, Zucker
- 1 Zucchini
- 20 Kirschtomaten
- 6 EL Olivenöl
- 1 unbehandelte Zitrone
- 1 kleiner Bund Basilikum
- 4 EL rote Tomatensauce 2*
- 4 Bögen Backpapier
- 1 Eigelb
- 1 Strohhalm

***ROTE TOMATENSAUCE 2**

- 3 Zwiebeln
- 100 g Karotten
- 100 g Sellerie
- 1–2 EL Olivenöl
- 1700 g Tomaten aus der Dose (Abtropfgewicht)
- Salz, Pfeffer, Zucker
- 1 EL gehackter Thymian und Rosmarin
- 1 unbehandelte Zitrone

(Ergibt 1500 ml Sauce. Zubereitung siehe Seite 33)

EINKAUFS-LISTE

Unter Hochdruck wird dieses Gericht serviert und ist nicht nur ein Augen-, sondern vor allem ein Gaumenschmaus.

1 Die Tagliolini kochen (Seite 17/18). Die Gambas halbieren, salzen, pfeffern und zuckern. Kauft man frische Gambas, müssen zuvor Schale und Darm entfernt werden.

2 Zucchini und Tomaten klein schneiden und ebenfalls salzen, pfeffern und zuckern. Nun das geschnittene Gemüse mit den Gambas und Nudeln vermengen und das Olivenöl hinzugeben.

3 Saft und Abrieb von einer Zitrone hinzufügen. Basilikum waschen, darüberstreuen und 4 EL rote Tomatensauce hinzufügen.

4 Alles auf das Backpapier geben. Eigelb und die gleiche Menge Wasser vermengen und das Backpapier auf einer Hälfte komplett mit der Eigelbmischung bestreichen, zusammenkleben und mit einem Strohhalm aufblasen. Bei 200 °C Umluft für 10 Minuten in den Ofen schieben.

35 Min.

HOBBY

Alles auf das Backpapier geben und umklappen.

Die Enden mit der Eigelbmischung bestreichen und mit den Fingern zusammendrücken.

Mit einem Strohhalm wird das Backpapierpaket aufgeblasen.

YOUNG

Der Saft der frischen Ananas sorgt für einen fruchtigen Geschmack. Pimientos bringen die nötige Portion Schärfe in das Gericht. Eine exotische Mischung, die Fernweh weckt.

Gefüllte ANANAS mit GAMBA-NUDELN und Pimientos

FÜR 4 PERSONEN

300 g Wagenradnudeln
12 Gambas
Salz, Pfeffer
Pflanzenöl
4–10 Pimientos
(je nach Größe)
1 EL Schnittlauch
1 EL Butter
4 EL Mais aus der Dose
3 EL Ananas-Salsa*
2 Baby-Ananas

***ANANAS-SALSA**

200 g frische Ananas
100 g Butter
Chili
Salz, Zucker
Frischer Koriander
1/2 Limette

(Ergibt 200 ml Salsa. Zubereitung siehe Seite 38)

1 Wagenradnudeln kochen (Seite 17/18).

2 Gambas salzen und pfeffern. Kauft man frische Gambas, müssen zuvor Schale und Darm entfernt werden. Die Pimientos waschen und der Länge nach halbieren. Die Gambas von beiden Seiten je nach Belieben in Pflanzenöl anbraten. Die Pimientos hinzufügen und ebenfalls mitbraten.

3 In der Zwischenzeit die Ananas der Länge nach halbieren und aushöhlen. Das Fruchtfleisch wird für die Ananas-Salsa verwendet.

4 Schnittlauch, Butter, Mais, die gekochten Nudeln und Ananas-Salsa zu den Gambas geben und alles in der Pfanne schwenken. Zum Schluss alles in der Ananas anrichten und servieren.

TIPP ***Die fruchtige Ananas-Salsa passt auch hervorragend zu frischen Salaten und Grillgerichten.***

PESTO-Nudeln mit Lachs

Pesto ist wohl die schnellste und beliebteste Alternative zu anderen Saucen. Dank unzähliger Variationen ist es zudem sehr vielseitig.

10 Min.

EASY

FÜR 4 PERSONEN

400 g Nudeln, z. B. Spaghetti
320 g Lachs (oder anderen Fisch)
Salz, Pfeffer, Zucker
Olivenöl
6 EL grünes Pesto*
100 g Parmesan

***GRÜNES PESTO**

150 ml Olivenöl
100 g geröstete Pinienkerne
100 g Parmesan
1 kleine Knoblauchzehe
2 Bund Basilikum, wahlweise auch Rucola oder Petersilie
Salz, Pfeffer, Zucker

(Ergibt 400 ml Pesto. Zubereitung siehe Seite 36)

EINKAUFS-LISTE

1 Nudeln kochen (Seite 17/18). In der Zwischenzeit den rohen Lachs in Würfel schneiden und mit Salz, Pfeffer und Zucker würzen.

2 Die Lachswürfel unter die heißen Nudeln schwenken, einen Schuss Olivenöl dazugeben und für 1–2 Minuten stehen lassen.

3 Am Schluss das Pesto hinzugeben und mit frisch geriebenem Parmesan servieren.

STEFANS VIDEO-TIPP: Kochgerüche an den Händen

FÜR 4 PERSONEN

20 Calamari à 10 cm
Salz, Pfeffer, Zucker
Zahnstocher
Rote Paprika-Sauce*
50 g rosa Linsen
(rote oder gelbe Linsen müssen vorgekocht werden)

FÜLLUNG

100 g Risoni
2 grüne Peperoni
2 rote Peperoni
1 rote Zwiebel
2 EL gehackte Kräuter
40 g Parmesan
Olivenöl
Salz, Pfeffer, Zucker

***ROTE PAPRIKA-SAUCE**

1 Zwiebel
2 EL Olivenöl
3 rote Paprika
Salz, Pfeffer, Zucker
1/2 TL Rosmarin und Thymian
1/2 Knoblauchzehe
250 ml Gemüsefond
100 ml Sahne

(Ergibt 500 ml Sauce.
Zubereitung siehe Seite 37)

EINKAUFS-
LISTE

Gefüllte TINTENFISCHE in Paprika-Linsen-Sauce

Für Meeresbiologen: gefüllte Tintenfische aus dem Ofen. Mit Linsen und Paprika werden sie zu einem besonderen Genusserlebnis.

1 Tintenfische putzen, auswaschen und mit einem Küchentuch etwas trocken tupfen. Die Risoni für die Füllung kochen (Seite 17/18).

2 In der Zwischenzeit alle Zutaten für die Füllung klein schneiden, mit den Kräutern in Olivenöl anschwitzen und würzen. Dann auskühlen lassen.

3 Parmesan dazugeben, alles vermengen und in die Tintenfische füllen. Mit einem Zahnstocher verschließen.

4 Für die Sauce die Linsen 10 Minuten in der Paprika-Sauce köcheln, bis sie weich sind.

5 Währenddessen die Tintenfische mit Salz, Pfeffer und Zucker würzen und von allen Seiten anbraten.

6 Die Sauce mit den angebratenen Tintenfischen anrichten.

NUDEL-STRUDEL

Strudel in einer herzhaften Variante mit Nudeln? Das geht und schmeckt mindestens genauso gut wie die bekannte Süßspeise.

STEFANS VIDEO-TIPP:
Richtige Kochzeit für Nudeln

FÜR 4 PERSONEN

30 lange Makkaroni

200 g Bolognese-Sauce*

1 Packung Strudel- oder Blätterteig

Butter

1/4 l Milch

100 ml Olivenöl

1 Knoblauchzehe

1 Zweig Thymian

1 Zweig Rosmarin

200 g Kabeljau

12 Radieschen

32 grüne Bohnen

Salz, Pfeffer, Zucker

1 Bolognese-Sauce zubereiten. Makkaroni kochen (Seite 17/18). Bolognese-Sauce und Nudeln schichtweise auf den Strudelteig setzen und vorsichtig zusammenrollen.

2 Den Studel auf Backpapier setzen und mit Butter bestreichen. Für circa 25 Minuten bei 180 °C Umluft in den Ofen schieben und goldgelb backen.

3 Milch und Olivenöl in einen Topf geben und auf 80 °C erhitzen (nicht kochen). Knoblauch und Kräuter dazugeben.

4 Den Kabeljau mit Salz, Pfeffer und Zucker würzen und 10 Minuten in dem Milch-Sud ziehen lassen. In der Zwischenzeit die Bohnen mit Salz und Zucker aktivieren (Seite 215) und 10 Minuten zugedeckt kochen lassen. Radieschen und Butter dazugeben und noch mal durchschwenken.

5 Den Strudel nach dem Backen in Scheiben schneiden, den Kabeljau aus dem Milchsud nehmen und mit dem Gemüse servieren.

***BOLOGNESE-SAUCE**

1 Zwiebel

100 g Karotten

100 g Knollenselleriewürfel

100 ml Olivenöl

500 g gemischtes Hackfleisch

1/2 l Tomatensauce 2**

1 EL gehackte Kräuter (Thymian, Rosmarin etc.)

1 unbehandelte Zitrone

Salz, Pfeffer, Zucker

(Zubereitung siehe Seite 117)

****ROTE TOMATENSAUCE 2**

3 Zwiebeln

100 g Karotten

100 g Sellerie

1–2 EL Olivenöl

1700 g Tomaten aus der Dose (Abtropfgewicht)

Salz, Pfeffer, Zucker

1 EL gehackter Thymian, Rosmarin

1 unbehandelte Zitrone

(Ergibt 1500 ml Sauce.
Zubereitung siehe Seite 33)

EINKAUFS-
LISTE

FÜR 4 PERSONEN

320 g frischer Lachs
(portionieren in 4 x 80 g)
Salz, Pfeffer, Zucker
4 Nudelplatten
(frischer Nudelteig, Seite 25)
1 Eigelb
ca. 30 Blätter Blattspinat
12–16 Stangen Thai-Spargel
(Grüner Spargel)
140 g Austernpilze
8 Aprikosen
2 EL Butter
1 EL Kräuterschmand*

***KRÄUTERSCHMAND**

200 ml Schmand
4 EL Olivenöl
Geschnittene Kräuter
(Basilikum, Blattpetersilie,
Dill, Schnittlauch, Minze)
1/2 unbehandelte Orange,
Saft und Abrieb
Salz, Pfeffer, Zucker

*(Ergibt 350 ml Schmand.
Zubereitung siehe Seite 35)*

EINKAUFS-
LISTE

1 Den Lachs mit Salz, Pfeffer und Zucker würzen. Ein Eigelb mit der gleichen Menge Wasser vermengen. Die frischen Nudelplatten am Rand mit dem Eigelbgemisch bestreichen und die Spinatblätter darauf verteilen.

2 Den gewürzten Lachs darauflegen, alles vorsichtig einrollen und am Rand mit einer Gabel fest zudrücken.

3 Die Nudelrollen in 80 °C heißem Wasser für 12 Minuten ziehen lassen. Wenn kein Küchenthermometer vorhanden ist, einfach darauf achten, dass das Wasser nicht kocht.

4 In der Zwischenzeit den Spargel, die Pilze und die zuvor halbierten Aprikosen mit Salz und Zucker aktivieren (Seite 215) und in einer Pfanne mit Butter garen. Mit Pfeffer abschmecken und alles zusammen auf dem Kräuterschmand anrichten.

LACHS *im* NUDELBLATT

Der zarte Lachs wird doppelt ummantelt: von Spinat- und Nudelblatt.

Nudel-Fischstäbchen

FÜR 4 PERSONEN

1 Kopfsalat
250 ml Allround-Vinaigrette*
1 rote Zwiebel
480 g Kabeljau
Salz, Pfeffer
Paprikapulver
200 g Reisnudeln
Pflanzenöl
Tomatenketchup**

***ALLROUND-VINAIGRETTE**

25 g Senf
100 ml Weißer Balsamico
100 ml Pflanzenöl
25 ml Wasser
Salz, Pfeffer, Zucker

(Ergibt 200 ml Vinaigrette. Zubereitung siehe Seite 35)

****TOMATENKETCHUP**

8 EL Tomatenmark
8 EL Essig (mild)
12 EL Zucker
1/2 TL Salz
12 EL Pflanzenöl

(Ergibt 400 ml Ketchup. Zubereitung siehe Seite 37)

EINKAUFS-LISTE

Normale Fischstäbchen kann jeder. Dann doch lieber mal die Pasta-Variante mit Reisnudeln und Kabeljau.

1 Die äußeren Blätter des Kopfsalats entfernen. Den Salat so einschneiden, dass er unten noch zusammenhält.

2 In die Allround-Vinaigrette Zwiebeln schneiden und auf den Salat geben. Den Kabeljau in Streifen schneiden und mit Salz, Pfeffer und Paprikapulver würzen.

3 Die Reisnudeln kurz in heißes Wasser geben, bis sie geschmeidig werden und die Kabeljaustreifen in die Reisnudeln einwickeln. In Pflanzenöl circa 1–2 Minuten ausbacken und auf dem Salatbett anrichten. Im Anschluss alle Zutaten für den Tomatenketchup miteinander vermengen und zu den Nudel-Fischstäbchen servieren.

TIPP

Anstelle von Kabeljau eignen sich auch andere Fischsorten mit festem Fleisch, wie Rotbarsch oder Seelachs.

SUMMER *Rolls*

Ein Rezept für jeden Sushi-Freund. Die leichte Sommerrolle mit Eiernudel-Füllung umgarnt nicht nur den Lachs in ihrer Mitte.

FÜR 4 PERSONEN

KORIANDER-CHILI-DIP

12 frische Korianderstängel

2 Chilischoten

4 EL Apfelsaft

1 EL weißer Essig

SUMMER ROLLS

12 Reisblätter

40 g asiatische Eiernudeln

400 g frischer Lachs

(für 12 Lachsstreifen)

Salz

1 unbehandelte Limette

24 Schnittlauchhalme

1 Sprossenmix

EINKAUFS-LISTE

TIPP

Die Summer Rolls können auch mit Garnelen, frischem Thunfisch oder als Surf-'n'-Turf-Variante mit gebratenem Fleisch variiert werden.

1 Für den Koriander-Chili-Dip Koriander und Chili klein schneiden, mit dem Apfelsaft und Essig mischen und ziehen lassen.

2 Die Reisblätter in nasse Tücher legen und etwa 15 Minuten warten, bis sie weich sind. Eiernudeln nach Packungsanleitung kochen.

3 Den Lachs mit Salz und Limettenabrieb marinieren und zusammen mit den Eiernudeln, Schnittlauch und Sprossen schichtweise in die Reisblätter legen. Nun vorsichtig zusammenrollen. Mit Koriander-Chili-Dip servieren. Nach Belieben können die Sommerrollen vor dem Essen auch in Sojasauce getunkt werden.

35 Min.

HOBBY

Süße Pasta

35 Min.

EASY

Kokos-NUDELN

FÜR 4 PERSONEN

- 300 g Tagliatelle
- 500 ml Kokosnussmilch
- 100 g Honig
- 1 Vanillestange
- 1 unbehandelte Orange
- Salz
- Zucker, Zimt

EINKAUFS-LISTE

1. Tagliatelle kochen (Seite 17/18).
2. Kokosnussmilch, Honig, Vanillestange, geriebene Orangenschale und eine Prise Salz zusammen aufkochen lassen.
3. Dann die bereits gekochten Bandnudeln dazugeben und erneut aufkochen lassen.
4. Auf einem tiefen Teller anrichten und mit Zucker und Zimt bestreuen.

STEFANS VIDEO-TIPP:
Nudeln vorkochen

Für große und kleine Ritter der Kokosnuss:
gekochte Nudeln in Kokosmilch und Honig, veredelt mit feiner Vanille.

SCHOKOPUDDING MIT Tagliatelle

Ein Glas voller Schokoladenkekse, frischer Früchte und Nudeln. Mit luftiger Milchschaumhaube ein perfektes Dessert für einen Abend mit Gästen.

FÜR 4 PERSONEN

100 g Tagliatelle
8 Schoko-Butterkekse
10 Erdbeeren
(Früchte können je nach Belieben und Saison variiert werden)
6 Aprikosen
1 EL Zucker
1 Zitrone
200 ml Milch
100 ml Milch
40 g Puddingpulver (Schokolade)

EINKAUFS-LISTE

1 Tagliatelle kochen (Seite 17/18). Die Schoko-Butterkekse in Teile brechen und in ein Glas füllen.

2 Zitrone auspressen. Die Früchte halbieren, in Zucker und Zitronensaft marinieren und auf die Schoko-Butterkekse schichten.

3 Von den 200 ml etwas kalte Milch entnehmen und das Puddingpulver darin glatt rühren. Die restliche Milch erhitzen. Das angerührte Puddingpulver einrühren.

4 Dann die abgekühlten Nudeln mit dem Pudding vermengen und auf die Früchte schichten. Die restlichen 100 ml Milch zu Schaum schlagen und damit garnieren.

30 Min.

EASY

Orangen-Pasta mit EIS

20 Min.

HOBBY

FÜR 4 PERSONEN

300 g Galletti

1 l Orangensaft

1 Vanillestange

2 unbehandelte Orangen

1 Handvoll Minze

50 g Schokoraspeln

4 Kugeln Vanilleeis

EINKAUFS-LISTE

1 Galletti-Nudeln im Orangensaft und mit der Vanillestange zusammen al dente kochen. Durch die Säure im Saft verlängert sich der Garprozess ein wenig. Das Nudel-Orangenwasser nicht abgießen.

2 Die Orangen abreiben und anschließend filetieren. Gehackte Minze, Orangenabrieb und Orangenfilets zu den Orangennudeln geben und durchschwenken.

3 Die heiße Orangen-Pasta mit etwas Schokoraspeln bestreuen und mit einer Kugel Vanilleeis servieren.

TIPP ***Filetieren – so geht's: Schale der Orange oben und unten abschneiden, danach mit einem scharfen Messer die restliche Schale bis zum Fruchtfleisch abschneiden. Nun fein neben den Scheidewänden in die Orange schneiden und die Orangenfilets herauslösen.***

Für alle, die es fruchtig mögen: Nudeln und Orangenfilets sind ein wahrer Genuss. Gekrönt wird dieses Dessert mit einer Kugel Vanilleeis.

Nuss-Nougat-Creme NUDELN

Schokolade macht glücklich. Also warum nicht mal mit herzhaften Nudeln mischen? Dazu Milchreis mit Beeren – und die süße Nudelvariante ist fertig zum Servieren.

1 Alle Milchreiszutaten langsam köcheln lassen. Wenn das Korn noch zu hart ist, etwas Milch nachgießen. In der Zwischenzeit die Goreng-Nudeln kochen (Seite 17/18).

2 Nuss-Nougat-Creme mit etwas lauwarmer Milch verrühren und die fertig gekochten Nudeln darin schwenken. Nudeln zusammen mit den Beeren auf dem Milchreis anrichten.

30 Min.

EASY

FÜR 4 PERSONEN

MILCHREIS

200 g Milchreis

1 l Milch

Messerspitze Zimt

1 EL Butter

1 Vanillestange

2 EL Zucker

1 unbehandelte Orange

NUDELN

200 g Goreng-Nudeln

4 EL Nuss-Nougat-Creme

80 g Beeren

EINKAUFS-
LISTE

Nudeln mit MOHN und Erdbeer-Passionsfrucht-Salat

Die süße Kombination mit Mohn und Frucht verleiht den Nudeln ein ganz besonderes Aroma.

FÜR 4 PERSONEN

240 g Nudelteig (Rezept Seite 22)
500 g Erdbeeren
4 Passionsfrüchte
Zucker
1 unbehandelte Zitrone
1 unbehandelte Orange
2 EL Mascarpone
1 EL Nuss-Nougat-Creme
1 Banane
80 g Butter
50 g Mohn

EINKAUFS-LISTE

30 Min.

EASY

1 Aus dem frischen Teig kleine Nudeln drehen und circa 3 Minuten kochen.

2 Die Erdbeeren waschen und klein schneiden. Passionsfrüchte halbieren und aushöhlen. Alles zusammen zuckern und vermengen. Die Zitrone abreiben und nur den Saft ebenfalls hinzufügen.

3 Mascarpone, Nuss-Nougat-Creme und Bananenstücke mischen. Die gekochten Nudeln in Butter anbraten, Mohn, Zitronen- und Orangenabrieb dazugeben und mit Zucker glasieren. Alles zusammen anrichten.

10 Min.

HOBBY

Sternchenpasta  mit APFEL

FÜR 4 PERSONEN

4 Äpfel

Butter

Zimt, Zucker

200 g Sternchennudeln

500 ml Apfelsaft

50 g Mandeln (gestiftet)

2 EL brauner Zucker

EINKAUFS-LISTE

1 Das Kerngehäuse der Äpfel ausstechen. 3 1/2 Äpfel in Scheiben schneiden, von beiden Seiten in 1 EL Zimt und Zucker wenden und in Butter goldgelb braten.

2 Die Sternchennudeln in Apfelsaft kochen, bis der Apfelsaft eingekocht ist.

3 Die Mandeln in einer Pfanne rösten und herausnehmen. Butter schmelzen, den braunen Zucker hinzugeben und karamellisieren. Zum Schluss die gerösteten Mandelstifte durchschwenken, bis goldgelber Krokant entsteht.

4 Kurz vor dem Servieren aus dem halben Apfel feine Streifen schneiden. Alles zusammen anrichten.

Sternstunde für Pasta-Liebhaber: Nudeln mit karamellisierten Äpfeln und Mandeln schmecken einfach himmlisch.

PAST
BAST
ENNE·RAVIOL

Pizza
Tipo 00
TIPICA COME IL SUO PIZZAIOLO!
SECONDO LA VECCHIA TRADIZIONE ITALIANA

Kleines Nudel-ABC

Kurze, lange, gedrehte, flache oder gefüllte, für jedes Gericht gibt es die passende Nudel – weltweit über 200 Sorten. Die beliebtesten stellen wir hier vor.

ALFABETO
Suppenpasta in Buchstabenform

ANELLETTI
kleine ringförmige Nudelsorten, die vor allem bei Suppen zum Einsatz kommen

BAVETTE
schmale Bandnudeln

BUCATINI
dicke Spaghetti-Sorte, die besonders gut zu kräftigen Saucen passt

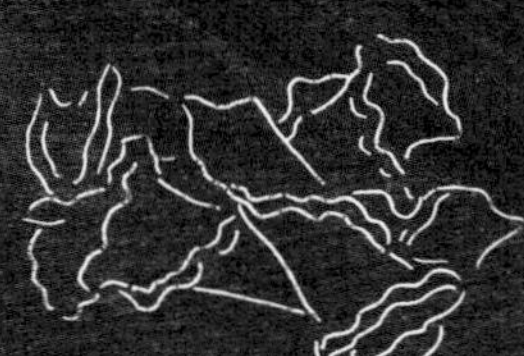

CAMPANELLE
kurze gerollte und gekräuselte Röhrennudeln

CANNELLONI
dicke Röhrennudel zum Füllen, oftmals mit Fleisch oder Gemüse

CAPELLINI
lange, sehr dünne Spaghetti (Engelshaar)

CHINA-NUDELN
lange, dünne Nudeln, die vor allem als Suppeneinlage oder bei Wok-Gerichten zum Einsatz kommen

COCCIOLETTE
kleine, muschelförmige Nudeln, geeignet für Gemüse- oder leichte Suppen

CONCHIGLIE
große Muschelnudeln, in klassischer Form mit Füllung

CRAVATTINI
Nudeln in Krawattenform

FARFALLE / FARFALLINE / FARFALLONI
Schmetterlinge / kleine Schmetterlinge / große Schmetterlinge

FETTUCCINE
etwas schmalere Bandnudeln, die perfekt zu deftigen Saucen passen

FETTUCCELLE
schmale, glatte Bandnudeln

Nudelnamen-Zusätze

LICE/LICI
so nennt man glatte Nudeln

RIGATE/RIGATI
sind aufgeraute Nudeln

LUNGHE/LUNGHI
die Nudel wird länger

CORTE/CORTI
die Nudel wird kürzer

FUSILLI
Spiralnudeln

FUSILLONI
spiralförmig, kurz, geeignet für Bauerntöpfe oder Salate

GALLETTI
halbmondförmige Röhrennudel mit der Form eines Hahnenkamms (ital.: gallo = Hahn)

GNOCCHI-NUDELN
haben die Form von Gnocchi, basieren aber nicht auf Kartoffeln, sondern auf Nudelteig

GOBBETTI
kleine Röhrennudel in Kringelform

LASAGNE
breite Nudelteigplatten, die für Pasta-Aufläufe genutzt werden

LINGUINE
flache, schmale Bandnudeln

LUMACONI
riesige Schneckennudeln

MAKKARONI
lange Röhrennudeln, die durch die hohle Form besonders gut Sauce aufnehmen

MAFALDE
rechteckige Nudeln, die doppelseitig gewellt sind

Nudelendungen

ELLE/ELLI
die Nudel wird breiter

ETTE/ETTI
die Nudel wird schmaler

INI/INE
Verkleinerung in Durchmesser oder Breite

ONE/ONI
die Nudel wird im Durchmesser größer

MAFALDINE
gewellte, lange Bandnudeln

MEZZALUNE
halbmondförmige Nudeln

O

ORECCHIETTE
italienisches Wort für „Öhrchen", da die Nudel mit ihrer kleinen, etwas runzeligen Form an Ohren erinnern

P

PAPPARDELLE
sehr breite und lange Bandnudel, die oft als Nudelnester zu bekommen sind

PENNE
kurze, röhrenförmige Nudel mit schräg geschnittenen Enden

R

RAVIOLI
meist eckige, gefüllte Nudeln

RIGATINI
kurze, runde Röhrennudel mit gerippter Oberfläche

RIGATONI
runde, kurze Hohlnudel, gerippt und gedreht

RISONI
die reiskornförmige Nudelsorte wird oftmals als Suppeneinlage verwendet

ROTELLE
die Nudelsorte erinnert optisch an ein Wagenrad. Sie wird gerne als Beilage, Suppeneinlage oder für Aufläufe verwendet

S

SPAGHETTI
abgeleitet vom italienischen Wort „spago" (Schnur) erinnern Spaghetti mit ihrer Form an dünne Schnüre

SPÄTZLE
finden im Schwabenland ihren Ursprung, wurden früher mit der Hand geformt, erinnerten an kleine Spatzen und hießen daher ursprünglich Spatzen

SPIRELLI
in sich gedrehte Nudel, die zu jeder Sauce und auch gut zu Salaten und Aufläufen passt

STELLINE
kleine Nudeln in Sternchenform

T

TAGLIATELLE
lange, flache Bandnudelsorte, die durch ihre Breite viel Sauce aufnehmen kann

TAGLIERINI
schmalere Variante der Tagliatelle

TORTELLINI
klein, runde, gefüllte Nudelsorte. Oftmals mit Fleisch, Gemüse oder Käse gefüllt

TORTIGLIONI
runde, kurze Hohlnudel, gerippt und gedreht. Sie passt gut zu sämigen und üppigen Saucen

V

VERMICELLI
lange Fadennudel, etwas dicker und länger als Spaghetti. Passt besonders gut zu leichten Saucen oder Pesto

Z

ZITONI
dicke, kurze Nudeln, ähnlich wie Makkaroni

Alles Käse?!

Pasta und Käse – eine unschlagbare Kombination. Da es so viel mehr über die Spaghetti zu streuen gibt als nur Parmesan zeigen wir die wichtigsten Käsesorten für den Pastafreund.

Parmesan

Parmesan (Parmigiano) ist mit Abstand der beliebteste Käse zum Darüberstreuen. Besonders bei Spaghetti kann ihm keine andere Sorte das Wasser reichen – außer vielleicht der Grana Padano, weil er dem Parmesan so ähnlich ist. Parmesan ist ein sehr aromatischer norditalienischer Hartkäse, der sich auch hervorragend im Salat mit Rauke (Rucola) verträgt.

Hüttenkäse und Ricotta

Hüttenkäse und Ricotta sind aufwendig hergestellte Frischkäse mit geringem Fettgehalt. Ricotta schmeckt cremig-mild, Hüttenkäse ist etwas salzig-säuerlich und körnig. Beide Sorten eignen sich gut für Saucen und lassen sich als Füllung für Pasta wie Cannelloni oder Lasagne verwenden.

Emmentaler

Emmentaler stammt ursprünglich aus der Schweiz (original Emmentaler), es gibt ihn aber in verschiedenen regionalen Varianten, zum Beispiel als Allgäuer Emmentaler. Charakteristisch sind seine runden Löcher. Der Allgäuer Emmentaler hat einen mild-nussigen Geschmack, das Schweizer Original einen herzhafteren. Emmentaler eignet sich sehr gut für Pasta, zum Überbacken (eventuell gemischt mit Gouda) oder auch zum Streuen über die Nudeln.

Mozzarella

Mozzarella wird heute meistens aus Kuhmilch hergestellt, obwohl traditionell Büffelmilch die Grundlage dieses italienischen Käses ist. Büffelmozzarella schmeckt aromatischer als der sehr milde Kuhmozzarella. Beide Sorten sind aber in Konsistenz und Geschmack frisch und luftig. Mozzarella ist sehr beliebt als Pizzakäse, zum Überbacken oder in Streifen geschnitten als Streukäse über die Pasta. Mit frischem Basilikum verträgt sich dieser Käse ausgezeichnet auf dem Salatteller als „Caprese".

Bergkäse

Bergkäse ist ein sehr aromatischer Käse, der im Alpengebiet hergestellt wird. Auch das Futter der Kühe muss zu mindestens 70 % von den alpinen Alm- und Sömmerungswiesen stammen. Kürzlich wurde von Schweizer Forschern festgestellt, dass Alpkäse wesentlich mehr mehrfach ungesättigte Fettsäuren enthält als industriell gefertigter Käse. Mit mindestens 45 % Fett ist er auch gut zum Überbacken oder für eine Käsesauce geeignet.

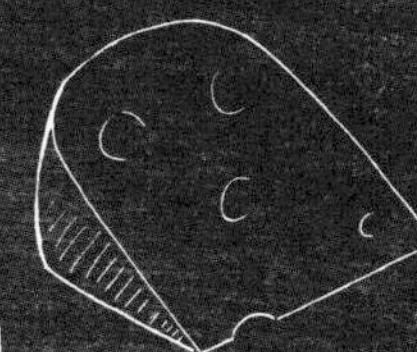

Gouda

Gouda, der Deutschen Lieblingskäse, ist je nach Reifegrad ein frisch bis aromatisch schmeckender Käse aus Holland. Er macht sich aufgrund seines hohen Fettgehalts hervorragend beim Überbacken von Gerichten (z. B. Lasagne), wird aber auch gern über die Nudeln gestreut oder zu Sauce verarbeitet.

Scheiblettenkäse

„Scheibletten" ist ein eingetragener Markenname, der sich als Bezeichnung für in Scheiben eingeschweißten Schmelzkäse eingebürgert hat. Hergestellt wird er aus mindestens 50 % Käse, der mit anderen Milcherzeugnissen und Hilfsstoffen wie Schmelzsalzen verflüssigt und später durch Abkühlen wieder verfestigt wird. Bei Kindern sind die Scheiben sehr beliebt, bei Erwachsenen meist nur eine Jugenderinnerung an Hawaii-Toast und Co.

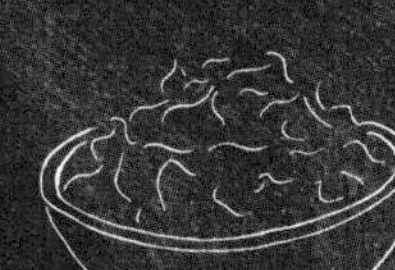

Mascarpone

Mascarpone stammt aus der Lombardei und ist ein sehr cremiger, milder Frischkäse mit einem Fettgehalt von 80 %. Seine berühmteste Verwendung findet er in der italienischen Süßspeise Tiramisú, er gibt aber auch eine hervorragende Zutat für Nudelaufläufe oder Saucen ab.

Küchen-Kräuter-Parade

*Nicht nur Salz, Pfeffer und Chili sind gefragt:
Hier zeigen wir einige Kräuter,
die perfekt zur Pasta passen.*

Rosmarin
Der an Tannennadeln erinnernde Rosmarin ist ein wichtiges Gewürz in der italienischen und südfranzösischen Küche. Er enthält viele ätherische Öle, die appetitanregend wirken. Man kann ganze Zweige mitgaren, diese sollten aber vor dem Servieren wieder entfernt werden. Rosmarin passt hervorragend zu den meisten Pastagerichten, zu Kartoffeln, Fleisch oder Zucchini und eignet sich auch gut, um Kräuterbutter herzustellen.

Thymian
Thymian ist ein wichtiges Küchenkraut, das scharf und leicht bitter schmeckt. Getrocknet schmeckt er intensiver als frisch. Meist verwendet man ihn zu Fleisch- und Kartoffelgerichten und für Suppen.

Basilikum
Basilikum ist in der italienischen Küche eines der meistverwendeten Gewürze. Sein Geschmack ist mild-süßlich und unverwechselbar. Ob als schmackhafte Dekoration zu Tomate-Mozzarella, als wichtiger Bestandteil im grünen Pesto oder auch in der Tomatensauce, erfreut sich das Kraut großer Beliebtheit.

Kerbel
Der leicht pfeffrig-süße Geschmack von Kerbel erinnert an Petersilie. Kerbel wird vor allem in Suppen, Salaten, Saucen und Kräuterbutter gebraucht.

Schnittlauch
Schnittlauch ist mit seinen dünnen Halmen und dem leicht scharfen Geschmack eine hervorragende Zutat zu Brotaufstrichen, Salaten und Saucen. Er eignet sich super für den Küchengarten: Schneidet man die Halme von oben ab, wachsen sie immer wieder nach.

Koriander
Koriander als Kraut oder Samen ist besonders in Asien ein wichtiges Gewürz, vor allem in der indischen Küche. Das Kraut sieht ähnlich aus wie glatte Petersilie, ist aber aromatischer (zitronig-scharfbitter). Man sollte Koriander frisch verwenden und es erst am Ende der Garzeit zugeben oder kurz vor dem Servieren über die Speisen streuen, da sonst viel vom Aroma des Krauts verloren geht. Das ätherische Öl, das in den Samen des Korianders enthalten ist, wirkt appetitanregend und lindernd bei Magen- und Darmleiden.

Petersilie
Glatte oder krause Petersilie ist in vielen Ländern Westasiens und Europas verbreitet. Ihre Blätter werden meist roh verwendet oder nur kurz erhitzt, da sie sonst viel von ihrem typischen Aroma verliert. Sie versteht sich gut mit den gängigen anderen Kräutern und passt zu den meisten Gerichten.

Salbei
Salbei hat einen sehr eigenen, aromatischen Geruch und schmeckt würzig-bitter-süßlich. Er lässt sich vielseitig einsetzen und fördert die Bekömmlichkeit schwerer Kost. Besonders lecker sind Pasta oder Gnocchi mit Salbeibutter. Salbei ist auch eine gute Heilpflanze, insbesondere wirksam bei Hals- und Rachenkrankheiten.

Estragon
Estragon gehört zu den Beifußgewächsen und hat schmale, lange Blätter, die einen leichten Anisduft abgeben. Durch ihr zartes Aroma sind die Blätter eine delikate Würze. Estragon wird häufig zur Aromatisierung von eingelegten Gurken, Salat, Quark, Kräuterbutter und Suppen verwendet.

Kleines KÜCHEN-Einmaleins für Pasta-Gourmets

Küchen-HELFER

Auf welche Utensilien wir nicht verzichten möchten.

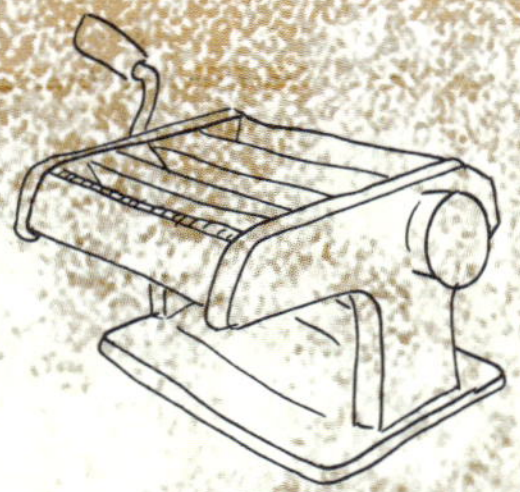

NUDELMASCHINE

Die Nudelmaschine übernimmt Teigausrollen oder Schneiden der Nudeln. Sie ermöglicht eine unkomplizierte Herstellung von Spaghetti, Linguine & Co. Elektrisch oder manuell betrieben ist dieses Utensil unentbehrlich für echte Nudelfans, die ihre Pasta gerne selber zubereiten.

RAVIOLIAUSSTECHER/ TEIGRÄDCHEN

Der Ravioliausstecher ist perfekt geeignet für die Zubereitung von frischen Ravioli. Teigmasse mit einem Nudelholz gleichmäßig glattrollen und Ravioli in gewünschter Größe mit einem Ausstecher oder alternativ mit einem Teigrädchen heraustrennen.

SPÄTZLEHOBEL

Allgäuer Spätzle, Knöpfle & Co. leicht gemacht. Dieses Küchenutensil besteht aus einer Reibe und einem Teiggefäß. Je nach Größe und Ausrichtung der vorgefertigten Löcher lassen sich unterschiedliche Spätzle-Arten zubereiten.

KÄSEREIBE

Zur Krönung des Nudelgerichtes eignet sich für alle Käseliebhaber eine Käsereibe. Parmesan, Gouda oder weitere Sorten können dank dieses Küchenhelfers dekorativ und gleichmäßig über das zubereitete Gericht geraspelt werden.

PÜRIERSTAB

Ein Muss für jeden Püree-Liebhaber. Der Pürierstab zerkleinert alles und eignet sich besonders gut für feine Saucen und schmackhaftes Pesto.

SPÄTZLEPRESSE

Mit der Spätzlepresse kann man die speziellen Nudeln aus dem Schwabenland ganz einfach selber machen. Den Teig in das zylinderförmige Gefäß geben und die Spätzle direkt in den Kochtopf „pressen".

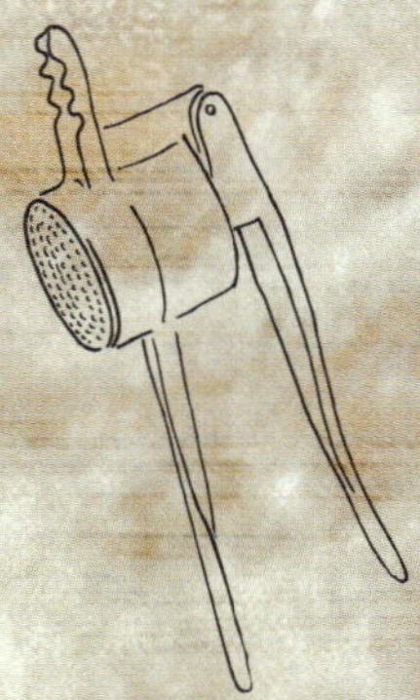

NUDELHOLZ

Ein praktischer Küchenhelfer ist der Teigroller, meist aus feinporigem Holz. Leichter zur Hand gehen die Modelle aus Marmor und Edelstahl, da sie schwerer auf dem Teig aufliegen und dadurch mit weniger Kraft gearbeitet werden muss. Der Teig klebt nicht fest, und nur in seltenen Fällen muss das Nudelholz mit Mehl bestäubt werden. Alternativ kann auch eine Glasflasche als Nudelholz-Ersatz eingesetzt werden.

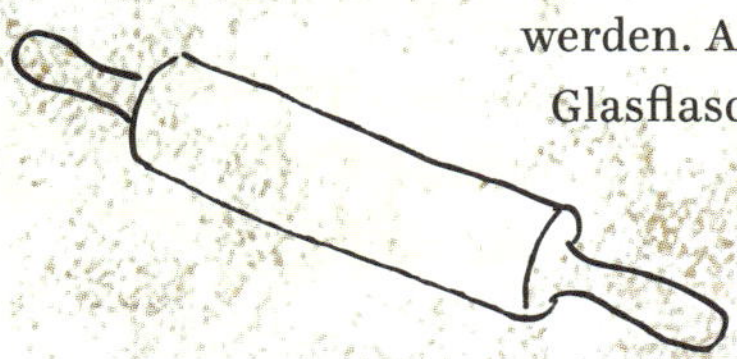

NUDELSIEB

Haben die Nudeln ihre gewünschte Kochzeit erreicht, wird das Kochwasser durch ein Sieb abgegossen. Das Abschrecken ist nicht zu empfehlen, da die Sauce sonst nicht mehr richtig an den Nudeln haftet. Das Sieb nicht zu klein kaufen. Es eignet sich auch in größeren Töpfen als Dämpfeinsatz. Salate, Kartoffeln und vieles mehr lassen sich mit diesem Sieb ebenfalls waschen und abtropfen.

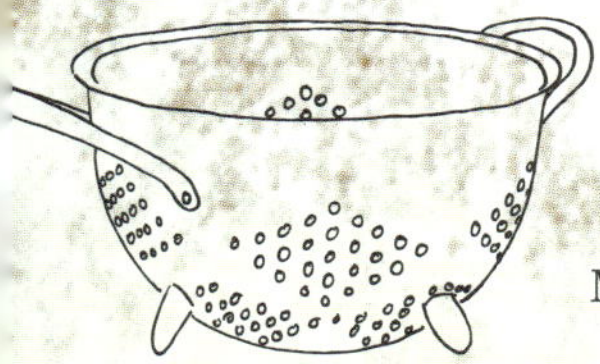

NUDELBAUM

Mit einem Nudelbaum kann man selbst gemachte lange Nudeln wie Spaghetti oder Bandnudeln an der Luft trocknen und so haltbar machen. Sie können aber auch im Backofen bei 50 °C Umluft getrocknet werden. Alternativ können Nudeln auch an einem Bügel oder einer Wäscheleine aufgehängt werden.

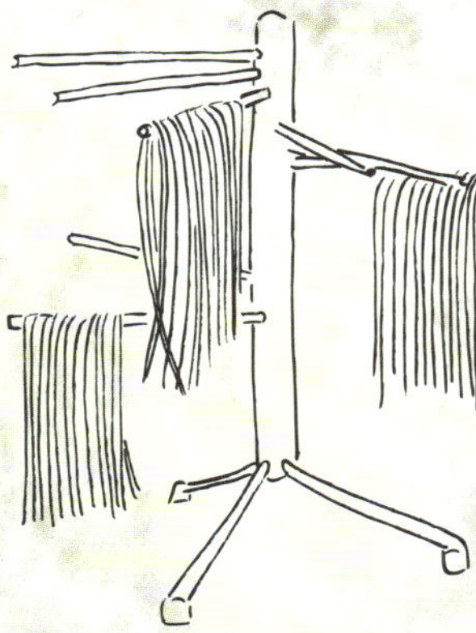

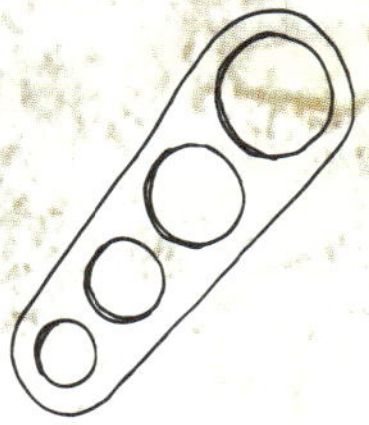

SPAGHETTIPORTIONIERER

Eine Frage stellt sich immer: Wie viel Spaghetti kocht man am besten für wie viele Personen? Mit dem einfachen Portionierer lässt sich die Menge leicht abschätzen und einteilen.

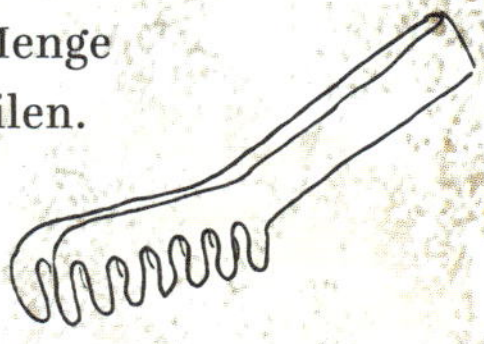

NUDELZANGE

Um die Nudelgerichte auf Tellern zu portionieren, eignet sich am besten eine Nudelzange. Hiermit bekommt man alle Nudelsorten leicht zu fassen. Mit Löffeln & Co. gestaltet sich der Weg der Nudel aus dem Topf in die Teller häufig sehr schwierig.

MUSKATREIBE

Mit einer Muskatreibe lassen sich die Nüsse im Handumdrehen zerkleinern und werden zu einem einzigartigen Gewürz. Aber Vorsicht bei der Dosierung: Zu viel Muskatnuss ist gesundheitsschädlich. Schon eine halbe Nuss kann bei Erwachsenen zu Vergiftungen führen.

PASTA-TIMER

Nudeln al dente kochen ist nicht so leicht. Eine Minute zu lang im Kochtopf und die Pasta ist verkocht. Praktisch, dass es Pasta-Timer gibt, die samt Nudeln in das kochende Wasser gestellt werden und nach einer bestimmten Zeit ein Signal geben.

Maß-einheiten

Auf das richtige Maß kommt es an. Die meisten Angaben wie Esslöffel oder Prise sind jedoch ungenau: Während die Bezeichnungen gleich geblieben sind, war das Maß schon immer von Löffel zu Löffel unterschiedlich. Ein Esslöffel fasste vor hundert Jahren noch fast doppelt so viel wie ein heutiger.

ESSLÖFFEL (EL)
etwa 15 ml

TEELÖFFEL (TL)
etwa 5 ml

Die Angaben beziehen sich auf „gestrichene" Löffel.
Faustregel: 3 TL = 1 EL

	EL	TL
Öl/Butter	10–15 g	4–5 g
Zucker/Salz	12–15 g	4–5 g
Mehl	9–12 g	3–4 g

MESSERSPITZE
Eine unbestimmte Menge, die auf 5-10 mm eines Messers passt – oder auf den Fingernagel des kleinen Fingers.

PRISE
Eine unbestimmte Menge, die zwischen drei Finger passt.

BECHER
1 Becher bezieht sich auf handelsübliche Waren wie Schmand, Joghurt & Co.

Angaben wie ***„etwas"***, ***„einige"*** oder ***„Handvoll"*** beziehen sich zumeist auf Kräuter. Hier ist es Geschmackssache, wie viel der würzenden Zutat hinzugefügt wird. Im Zweifelsfall sollten Sie mit weniger beginnen.

SCALE
LBS. BY 2 OZ.

Küchen-BEGRIFFE

a

ABLÖSCHEN

Ablöschen heißt die ***Zugabe von Wasser, Wein oder anderen Flüssigkeiten*** in die Pfanne. Löscht man zum Beispiel Fleisch in der Pfanne ab, wird es weiter gegart, ohne zu verbrennen. Außerdem entsteht dadurch eine schmackhafte Sauce.

ABSCHRECKEN

Durch das Abschrecken ***mit sehr kaltem Wasser*** wird der Garprozess schlagartig beendet, damit zum Beispiel blanchiertes Gemüse knackig bleibt oder Salatnudeln beim Abkühlen nicht weich werden. Am besten eignet sich zum Abschrecken das Eintauchen mit einem Sieb in mit Eiswürfeln versehenes Salzwasser.

AKTIVIEREN

„Aktivieren" nennt Stefan Marquard den Prozess, Gemüse mit Salz und Zucker zu würzen. Durch das Aktivieren wird der Eigengeschmack der Gemüsesorten deutlich verstärkt. Bei aktiviertem Gemüse ist die Garzeit circa 50 Prozent kürzer und dadurch bleiben die Vitamine, Mineralien, Spurenelemente etc. erhalten. Zum klein geschnittenen Gemüse Salz und Zucker im Verhältnis 5:1 dazugeben. Faustregel: Pro 1 kg Gemüse: 12 Gramm. Das Gemüse durchkneten und circa 2-3 Minuten stehen lassen.
Ausnahme: Empfindliches Gemüse wie Spinat, Zucchini und Pilze wird kurz vor dem Kochen aktiviert.

ANRÖSTEN/RÖSTEN

Beim Rösten sind ***heiße Temperaturen*** im Spiel, die das Aroma, die Farbe und die chemische Zusammensetzung der Nahrung verändern. Zum Anrösten gibt man nur für kurze Zeit Gemüse in eine Pfanne mit wenig sehr heißem Fett. Das Gemüse wird schnell sehr braun und enthält ein starkes Röstaroma. Es muss ständig gerührt oder geschwenkt werden.

ANSCHLAGEN

Das Anschlagen einer Knoblauchzehe dient dem Lösen der ätherischen Öle dieses Gewürzes. Ein breites Messer flach auf die Zehe legen und mit dem Handballen kurz darauf drücken.

ANSCHWITZEN

Anschwitzen ist ein ***kurzes Garen*** von Gemüse in etwas Fett ***bei niedriger Temperatur,*** ohne dass es braun wird.

B

BINDEN

Binden, auch abbinden oder abziehen, bezeichnet das ***Verdicken einer Sauce,*** etwa durch Hinzufügen von Mehl, Sahne oder Ei, aber auch durch das Verdunstenlassen von Wasser (siehe Reduzieren). Wird Ei zum Binden verwendet, darf die Sauce nicht mehr kochen, da das Eiweiß sonst gerinnt. Beim Binden mit Mehl können sich Klumpen bilden, daher sollte das Mehl zuvor in kaltem Wasser gelöst werden.
Andere Bindemittel
Zum Beispiel Kartoffelstärke, Agar-Agar, Guarkernmehl.

d

DÜNSTEN/DÄMPFEN

Dünsten und Dämpfen sind Garmethoden, bei denen das Lebensmittel wenig (dünsten) oder keinen (dämpfen) Flüssigkeitskontakt hat. Es wird somit ***größtenteils oder vollständig durch den Dampf gegart, was die Vitamine erhält*** und die Aromastoffe in den Gewürzen löst. Es gilt daher zurecht als schonende Garmethode und bietet sich besonders bei Fisch und Gemüse an. ***Zum Dämpfen*** wird ein Dämpfeinsatz in den Topf gelegt oder gehängt, der nicht das Wasser darunter berührt. Der Topf wird durch den Deckel vollständig geschlossen, sodass der Dampf im Inneren bleibt. ***Beim Dünsten*** muss der Dampf zunächst die Luft im Topf verdrängen, weshalb man den Deckel nicht verschließen sollte. Danach wird die Temperatur heruntergeregelt.

DURCHSEIHEN

Durchseihen ist das ***Passieren durch ein Sieb oder Tuch*** (siehe Passieren).

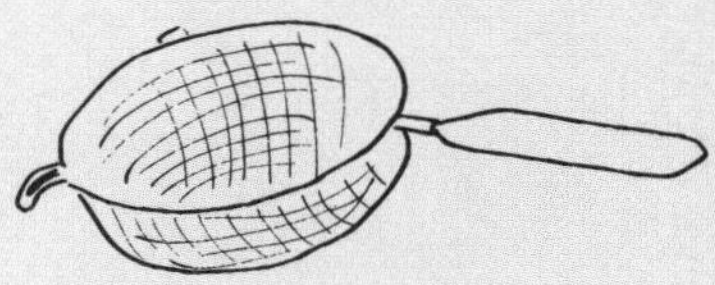

FILETIEREN

Filetieren ist das Entfernen von Filets von einer Karkasse oder Gräten.

FRITTIEREN

Beim Frittieren wird ***in heißem Fett gebacken***. Wichtig ist, dass das Fett weder zu kalt noch zu heiß ist, da bei Temperaturen unter 140 °C die Nahrungsmittel Fett aufnehmen und bei Temperaturen ab 175 °C die Entstehung von krebserregendem Acrylamid stark zunimmt.

GAREN

Garen bezeichnet das ***Erhitzen von Lebensmitteln, bis sie nicht mehr roh sind.*** Garmethoden sind kochen (sieden), braten, dämpfen, dünsten, backen, grillen, frittieren, beizen, salzen, zuckern, marinieren.

GRATINIEREN

Beim Gratinieren von salzigen Speisen werden vorgegarte Zutaten ***mit einer Käseschicht überzogen,*** die unter Oberhitze (zum Beispiel im Backofen) eine braune Kruste bildet und Röstaromen entwickelt. Gratinieren kann man auch mit Buttermischungen oder Brotbröseln. Es können auch Süßspeisen gratiniert werden, zum Beispiel Crème brûlée, in diesem Fall verwendet man als Topping gezuckerten Eischnee, der unter der Hitze karamellisiert.

KLÄREN

Suppen oder Ähnliches werden geklärt, indem man ***eiweißhaltiges Material dazugibt und das Ganze aufkocht.*** Die unerwünschten Schwebstoffe binden sich dadurch ans Eiweiß und können abgeschöpft oder ausgesiebt werden. Das beigegebene Klärmaterial ist meist Fleisch oder Gelatine, es kann aber auch mit Hühnereiweiß geklärt werden.

MEHLIEREN

Mehlieren heißt ***in Mehl wenden***. Nicht zu verwechseln mit dem gleich klingenden Melieren (Unterheben von Zutaten unter eine Schaummasse).

PANIEREN

Zum Panieren wird das Fleisch- oder Fischstück zunächst ***in Mehl gewendet (mehliert), dann in Ei und zuletzt in Paniermehl.*** Das Ganze wird dann in ordentlich Fett gebraten.

PARIEREN

Beim Parieren werden ***unerwünschte Teile*** eines Lebensmittels mit dem Messer ***entfernt,*** zum Beispiel Gräten, Knochen, Haut oder auch Schalen und Kerne.

PASSIEREN

Beim Passieren wird Flüssigkeit ***von ihren festen Bestandteilen getrennt („durchseihen")*** oder Früchte oder andere feste Nahrungsmittel ***durch ein Sieb gestrichen.*** Zum Durchseihen verwendet man Spitzsiebe oder Passiertücher aus Leinen oder Mull. Für gegartes Obst und Gemüse können spezielle Passiergeräte (Flotte Lotte, Kartoffelpresse, Passierwiege) verwendet werden, für festere Massen kommen spezielle Siebe in Frage.

POCHIEREN

Pochieren ist eine ***Zubereitungsart in heißem, aber nicht kochendem Wasser,*** die sich insbesondere für Eier eignet: Man schlägt das Ei zunächst in eine Schale und lässt es dann geschickt ins Wasser gleiten, sodass das Eiweiß gerinnt und das Eigelb umschließt. Etwas Essig im Wasser beschleunigt die Gerinnung. Auch Fisch oder Fleisch lassen sich im würzigem Sud pochieren.

PÜRIEREN

Pürieren ist das ***Zerkleinern von Lebensmitteln,*** bis diese eine breiartige Masse ergeben. Zu Hilfe nimmt man am Besten einen ***Pürierstab, Mixer oder Blender.*** Wer diese Geräte nicht besitzt, kann stattdessen hacken oder passieren. Kartoffeln kann man auch gut mit einem Stampfer bearbeiten.

Q

QUELLEN LASSEN

Manche Lebensmittel wie Reis oder Hirse müssen Wasser aufnehmen, um gar zu werden. ***Man kocht diese dazu im Wasser kurz auf und lässt sie dann bei geschlossenem Deckel auf kleiner Flamme weiterquellen.*** Auch zum Aufweichen lässt man manche Lebensmittel quellen, etwa Erbsen, Linsen, Bohnen oder Haferflocken – dann aber in kaltem Wasser und über mehrere Stunden.

QUIRLEN

Der Quirl ist ein beliebtes Kücheninstrument, das besser durchmischt als ein Löffel und ***gut gegen Klümpchenbildung hilft.*** Ein lockeres Handgelenk ist bei seinem Einsatz von Vorteil.

R

REDUZIEREN

Reduzieren oder Einkochen heißt die ***Verringerung des Flüssigkeitsgehalts,*** indem man die Flüssigkeit in einer breiten Pfanne ohne Deckel und unter ständigem Rühren erhitzt.

S

SÄMIG

Sämig nennt man ein Gericht, wenn es ***dickflüssig und cremig*** ist. Das erreicht man durch Reduzieren oder Binden.

SCHMOREN

Schmoren ist ein Verfahren, bei dem das Gargut ***im geschlossenen*** Topf ***bei mäßiger Temperatur*** in Flüssigkeit gart. Sehr beliebt bei langfaserigen Fleischsorten.

SIEDEN

Sieden ist ein anderes Wort für ***kochen***.

STOCKEN LASSEN

Stocken lassen bedeutet in der Regel bei Eiern oder ***Eierspeisen***, dass man diese ***fest werden*** lässt.

SUD

Einen ***Aufguss, den man lange ziehen lässt,*** nennt man Sud. So kann man zum Beispiel Teesud herstellen, indem man den Tee bei schwacher Hitze zwanzig Minuten lang ziehen lässt. In ähnlicher Art lässt sich auch Gemüsesud herstellen. Oft wird auch Fisch oder Fleisch „im Sud" – also im eigenen Saft – geschmort, wobei kaum Wasser hinzugegeben wird.

TRANCHIEREN

Tranchieren bezeichnet das ***fachgerechte Zerschneiden von Nahrungsmitteln*** vor der Zubereitung oder vor dem Servieren. Bestimmte Kücheninstrumente wie Tranchiermesser, Geflügelschere oder Tranchiergabel helfen dabei.

U

UNTERHEBEN

Das Unterheben (oder Unterziehen) von ***luftig-schaumigen Zutaten*** (zum Beispiel Eischnee oder Schlagsahne) unter festere Masse dient dazu, Speisen die gewünschte ***lockere Konsistenz*** zu geben. Es ist wichtig, nicht zu rühren, sondern tatsächlich unterzuheben, zum Beispiel mit einem Küchenspatel, damit die Luft in der schaumigen Zutat nicht entweicht.

Z

ZITRONENABRIEB

Zitronenabrieb ist die ***hauchdünn abgeschälte äußere Schicht von Zitrusfrüchten.*** Nur ungewachste, unbehandelte Früchte (Biofrüchte) dürfen hierzu verwendet werden. Die Früchte sollten zuvor mit heißem Wasser abgewaschen und abgetrocknet werden. Als Hilfsmittel dient eine feine Reibe.

Making OF

Vier Tage Kochbuch-Produktion mit zwei Köchen, sechs Kindern und 90 Rezeptideen. Die Kids und das Team hatten sichtlich Spaß beim Pastakochen.

MAKING OF FILM

DIESEL SHELL

1986

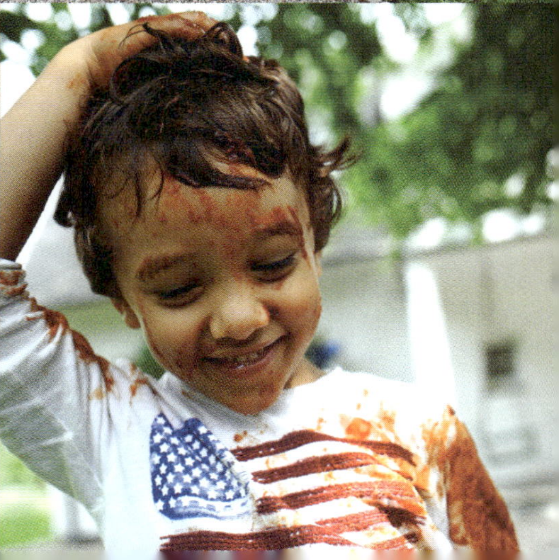

REZEPT-verzeichnis

Rezeptliste KATEGORISCH

SAUCEN UND DIPS

SUPPEN

PASTA LOCA

VEGGIE

FLEISCH

FISCH

SÜSSES

Zutatenliste ALPHABETISCH

IMPRESSUM

1. Auflage 2014

© Wiethe Kommunikativ GmbH & Co. KG
Hermann-Müller-Straße 12
49124 Georgsmarienhütte (Hrsg.)

Autoren **Stefan Marquard, Markus Wiethe**
Köche **Stefan Marquard, Wolfgang Müller**

Projektleitung, verantw. Redakteur **Andrea Kracke, Carina Rihm**
Redaktion **Laura Behncke, Kim Mellenthin, Marieke Meyn, Martin Petersen**

Bildnachweis
Titelfoto, People-, Stimmungs- und Rezeptbilder
Carsten Heidmann, Sigrun Strangmann
Hintergrundfotos **Stefan Halle**

Hintergründe **fotolia.com (Les Cunliffe, Devilarts.com, Digitalpress, digieye, Eky Chan, lava4images, binik, homydesign)**

Artdirektion **Birgit Götting**
Grafik **Stefan Halle, Hannah Hechinger, Christina Hehmann, Nadine Jäpel (Fr.)**

Illustration **Hannah Hechinger**

Lektorat **Sven Barske, Anke Gehrs**
Produktion **Beate Klein**
Druck und Verarbeitung **Frank Druck GmbH & Co. KG**
Industriestraße 20, 24211 Preetz

ISBN 978-3-9816816-0-4

DANKE

Diana Alekseeva, Laura Behncke, Younes Bent, Babette Börner, Vanessa Franke, Julia Gatzsch, Anke Gehrs, Birgit Götting, Stefan Halle, Hannah Hechinger, Christina Hehmann, Michael Hoffmann, Nadine Jäpel, Beate Klein, Andrea Kracke, Kim Mellenthin, Marieke Meyn, Martin Petersen, Lisa Polle, Carina Rihm, Marscha Sieme, Raphael Springmann, Andreia Rua Teixeira

DANKE AN DIE KIDS

Adrian, Arnaud, Carla, Casey, Julien, Lotte

Und vielen Dank an alle, die im Vorfeld die Rezepte nachgekocht haben, insbesondere Claudia Brüske.

Besonders herzlich bedanken wir uns auch bei den Köchen Stefan Marquard und Wolfgang Müller, des Weiteren bei Christine Marquard, Serpil Kesen und Wolfgang Marquard. Und ein großes Dankeschön an die Fotografen Carsten Heidmann und Sigrun Strangmann sowie an das Filmteam Kai Klinke und Tobias Sundermann.

MESSER

Felix Solingen GmbH
An den Eichen 6
42699 Solingen

TÖPFE UND EQUIPMENT

B/R/K Vertriebs-GmbH
Westring 340
42329 Wuppertal